20 世纪中国图书馆学文库·17

比较图书馆学

程伯群 著

圕 国家圖書館出版社

本书据世界书局 1935 年 7 月版排印

自　序

　　人类自有文化以来,即有记录;利用记录,可以策进文化。记录的方式不同,或用壁画,或用刻本,或用结绳,或用印刷。自壁画的记录以迄印刷的记录,已有数千年的进步。然而印刷术发明之后,到了现在,不过千余年,但是文化的进步突飞猛进;书籍的流传,也汗牛充栋。这也就是印刷书籍策励文化的结果,其实也是互为因果的。保持人类的记录有两种方法:一是制作书籍,一是管理书籍。制作书籍是出版界的责任,管理书籍是图书馆界的责任。图书馆的管理书籍,是供人利用阅览,提高文化的;就是图书的制作,也有同样的目的。所以说利用人类的记录,可以策进文化。

　　图书馆的起源很早,人类自有图书以来,即有保藏管理的趋势,这也是人类的本性使然。中国古时书籍的管理或为史官,或为私藏书家。至于后世,始有公立的藏书楼。藏书楼的利用为少数的特殊阶级。等到图书馆设立了以后,图书的使用,方得以普及。中国历代藏书既为少数的特殊阶级所利用,故其所研究者也是些专门的问题,如目录,版本,校勘之学等等,结果成了书志目录学。西洋各国图书馆发达之后,对于编目,分类,登记,索引,标题等,很注重科学的整理,造成了图书馆学。中西各有所长,惟研究图书馆学的,不能不知书志目录之学。本书即本此旨,采取东西图书馆学之所长,说明图书馆之行政管理,比较各家分类方法,兼述图书馆学与书志目录学之关系。分为四编:一论图书馆行政,二论图书馆技术,三论分类编目学,四论书志目录学。取名比较图书馆学,所以示其纲领而作综合之比较,以为研究图书馆学之门径。

图书馆之对象为阅览者,故其设备,管理,方法也以阅者为前提。阅者的嗜好不同,随时代而转移,图书馆所备的书籍范围愈广,服务愈大,收效也愈宏,而管理也日趋于缜密了。

民国二十四年一月作者序于上海图书学校

目　　次

1

第一编　图书馆行政

图书馆与教育　社会教育的方式很多,图书馆是社会教育主要的一部分。虽则图书馆之成为现代式的机关,用现代式的管理与行政,为日无多,然已占了重要的地位。图书馆的设立是为阅览者谋利益的,阅者既能惜时以来研究知识,当然有自制的能力,而其向上的心必切,故其结果,较之演讲,直接式的灌输,或教育电影的结果为佳。看了图书馆的分布状况,就可以知道社会的知识如何,人民的程度如何。从读物里可以侦出人民的嗜好。

元始的社会无所谓正式的教育,也无所谓学校,所传的风俗,习惯,宗教,仪式,禁令,就是社会教育的方式,社会日形进步了,教育的方式,也随之而逐渐进步了,如人格的启示,美术的欣赏,身体的发展,品行的养成,均为自然式的社会教育。

图书馆者搜集管理利用书籍图册。这些记录全为过去人类的经验。例如科学,宗教,哲学,美术,史地和传记等等,均足以为吾人的殷鉴。故入图书馆读书好像站在明镜之前,入于阅览室阅报的,好像周游世界各处,以作旅行。

社会教育是时代的产物。无论何时,均可存在。社会为一伸缩自如之名词,小之仅指一家,或一族,或一部落,大之可以包括全世界。一切教育在某团体内的总是以各分子的相关,与以满意的调和,使得互相间的生活,可以相助,而不相妨。

社会教育的目标达于成功之时,乃转变而为道德教育,职业教育及公民教育,此种教育最大的力量,乃在自造教育。自造教育的优点在个人能自动进取,随时随地得以利用环境,而作向上的努力。

图书馆者自造教育之大本营。学校教育随学年而终了,专门教育随研究而终了,惟有自造教育,乃继续不断者。自造教育利用最多的工具,出于图书馆。

图书馆学 图书馆既为人利用,而研究管理行政乃成专门的职业。图书馆学是研究书籍的保藏,编目,登记,分类,而施以种种方法,以求读者的便利的科学。图书馆学之在中国成为一种特有之名词,不过三十年,则图书馆学之意义尚在形成之日。书册之利用,在于供人阅览,供人赏读。徒保藏之,而不为利用者,不足以称图书馆,可以称之为藏书楼或藏书室。我国之有藏书楼由来已久。藏其宝卷金石以炫耀于人者甚多,未闻为人利用。今日之图书馆,其组织,其设备,其管理,其利用乃仿之外国而设立者。

图书馆之对象为民众,简言之,即读者。故其设备,管理亦以阅览者之便利为前提。阅览民众之程度不齐,嗜好各异,乐趣有别,故图书馆亦以之而分,如儿童图书馆之专为儿童而设,学校图书馆之专为学校而设。其对象不同,选择书籍的标准也就不同了。至于特殊的图书馆设立的也很多,如商业图书馆,工程图书馆,监狱图书馆及盲人图书馆等。

图书馆学之范围 图书馆之范围既如是之广,然则其所研究者,究为何种事物,此须急切加以解答。图书馆学所研究者为图书馆之建筑,立法,购买书籍及各专门图书馆。凡此皆关系于图书馆行政者。其次则为图书之整理,保存装订阅览指导以及图书之出纳,这也称为图书馆技术。至若编目分类,制作提要等称为分类编目学。此外如参考工作图书馆史,印刷史各种书目则归纳之称为书志目录学。

图书馆学之范围既然如此,故本书依此范围分为四编比较研

2

究,其纲要如下:

一、图书馆行政研究行政组织,图书馆建筑,图书馆立法,儿童图书馆,学校图书馆以及参考图书馆,图书馆教育等。

二、图书馆技术说明选购书籍,登记方法,出纳方法以及打字索引的制作,校对,保管装订等事。

三、分类编目学叙述分类方法,编目方法及标题方法。

四、书志目录学研究图书的历史,印刷史,目录校勘金石拓片版本等学以及图书馆史等。

中国之图书馆科学管理虽发生较迟,然在周,秦之世即有藏书制度。此种藏书之利用,专在少数特别阶级,惟历代相仍,学者辈出,对于目录,版本,校勘之学,研求益精。西洋各国图书馆学发达之后,对于分类编目登记索引等项,多注重科学方法之整理,故能成为今日的图书馆学。如能集东西图书管理的所长,而去其短,则图书馆之事业进步正未可限量。

图书馆随文化而进步,进步愈久,书籍愈多,保存管理利用事务,必日趋于繁冗,所以图书馆学是随时代而生长的学问。

第一章 行政组织

行政的最高效率为达到时间经济，人材经济，而获得结果圆满。但如何能达到最高效率此须加以研究。效率的演进不外分工合作，各部分之间完全合洽，不浪费时间，是为至要。研究效率之提高，当先研究办公室之布置，与行政效率的关系。例如光线，地位，交通，运书之便利，以及空气的流通等等事项。

工作时间表之拟订 现在官厅机关，往往工作人员有迟到早退之习，或迟到迟退者，殊不合规定工作之制。盖图书馆之各部工作有如流水，一处无人负责，则水流不畅，工作甚或因之停顿。

各部职员必互相沟通，互相限制，则工作效率将因之大增，所谓互相限制者非掣肘之谓。

工作人员服务有最低之标准，可以在其工作报告中见之。惟所要注意者则为品质与数量的并重。勿以数量增加而忽于品质。

薪金表之规定，大有助于工作之稳健，使薪金以级而升，则人乐于服务，而鲜他迁之思。有此薪金标准且可以免争议。薪金之升降以自动制为最佳，到一时期，视其工作的进步，即予以升迁，以示奖掖。

主管机关 图书馆之设立必有设立人，其设立人或为政府，或为公家代表，或为私人代表，或为学校代表。有代表者则可由代表举出委员，组织理事会，或董事会，或委员会，以管理处置图书馆的大计及行政方针。

设立人董事会之外尚有主管机关,以监察指导其行政。图书馆属于教育机关之一种,故其主管机关当然以就近或直辖之教育行政机关为主管机关。

图书馆馆长 图书馆之行政乃全部之纲领,指导全馆工作,端赖图书馆馆长之指挥得宜。故其所受之教育,所有之人格,非足以为矜式,不足以主持馆务。故主持图书馆者须为图书馆专家,而兼有高尚之教育以为根底,并曾经长久之训练,以成熟其经验。判理明晰,遇事遇物均可迎刃而解。

图书馆长之职任 图书馆长之职任在于主持整个的图书馆,惟一人之精力有限,不有详密的组织,鲜能收其效果,故其职责范围较广。最显著者,有职员会议,馆务会议,阅读函件,处理公文与各部工作人员会谈,督促指导各部工作人员,接见书籍杂志推销员,审查书目,阅览各部工作报告以及统计等等。凡日常之事,均得亲眼看过。

图书馆长之工作实为一执行者,行政员,外交员,而兼有易于接近之态度,百不疏一之细心。所以能达到此等优良之技术者,则学问,涵养,道德,经验聚会而成。

馆长与董事会 各种图书馆之组织不同,在公立之图书馆有董事会,理事部或托事部以处理图书馆之重要行政,筹备图书馆开办经费,常年经费,建筑经费,设备经费,指导图书馆之工作,规定图书馆之政策。省立或县立之图书馆,则有其上级机关,其负责之状况亦有如图书馆之对于董事会,若工作报告,统计报告,请求核准新计划等。

无论图书馆之设立,其为董事会制度,抑直属机关制度,均各有其组织大纲,在组织大纲之中,规定董事会的职任,图书馆长的职任及行政纲要,常会的举行,和议事的范围。

财政 图书馆费用之来源,有出于公款者,有出于省款,县款,个人捐助,或文化合作机关辅助者。在开办之时则有开办费建筑费设备费。在通常之时则有常年经费。故预算之预备,及其成立,须经过相当之步骤,董事会之核准,或上级机关的批准。至于决算亦须按规程报告,以便事权统一,责任分明。

其他各种帐类甚多,如日常帐,罚款帐。会计事务实图书馆重要事务之一。其直接关于图书馆之工作者,有罚款,借书存款,遗失赔偿等项之收入。关于支出者有邮费,寄费,文具,清洁,装订杂志,薪金,电话,房租,建筑,设备等项。

各部工作 图书馆以其范围不同可以分为数部。分工合作,收效宏大。普通图书馆可以分为下列数部:

一、总务处 总务处设主任一人,再分为数组:

　　文书组　会计组　庶务组

二、采访处 设主任一人:

　　书籍组　图册组　官书组

三、编纂处:

　　编目组　索引组　馆员　书记

四、阅览处:

　　阅览组　参考书组　藏书组　馆员　书记

五、专门处:

　　善本组　金石组　期刊组

各部工作之进行,赖有规章以维秩序,而定事效,故对于读者则有阅览规则,对于参观者则有参观规则,各部分行政均以规则办理事务。

图书馆中采访部工作范围较大,而对于古籍,尤须具有鉴定能力,方可胜任,则多看多做乃为根本条件。采访部大概包括下列各种工作:

采办中文旧籍,必精版本之学,至于珍本秘籍,尤当注意。即各科书籍,西文古籍亦必研究版本之学。

新舆图之采访较易,而旧图珍藏得之不易。尤必能知真假方可给价。

金石拓片:关于墓志,碑铭,古器之属,其拓片足供考古之研究者,尽量搜集,以为参考之资。

西文书籍以欧美各国出版为最多。此外复可搜集南美,埃及,波斯,中亚诸国之古籍。

编目及索引 书籍之编目比较最费时间。编目室之设备及交通,光线等问题均应加以注意。编制书目可分数种。

藏书目录 舆图书目 金石拓片目录 写经目录 中国官书目录 西文图书目录 日文图书目录

索引之方法虽行使便利,但以书籍之需要索引的性质不同,所用之方法亦稍有出入。索引之最普遍者有文集,论文索引,人名索引,地名索引,标题索引,金石题跋索引,善本书目题跋索引。

编纂 图书馆之范围大者,其编纂之事务恒重。编纂者直接利用图书馆方法之一种。图书馆苟充于经费,可出月刊及季刊,及周年报告。此外尚可编制各种基本工具书籍,目录书籍,翻译外国语言书籍,是则文化机关而为生产机关。

图书馆既延聘专家而作其最大之贡献,则中国书籍之浩繁,其中错字误句恒多,如得充分力量一一校勘之,于社会文化之贡献,便不可以道里计了。

阅览及咨询事项 关于阅览及咨询事项,研究部或参考部可答复阅览者。关于图书馆学之本部事务,如图书馆学,分类法,图书馆发达史等,不妨另立一室以作参考研究之助。甚而至于世界各国主要图书馆调查,各国图书馆之运动亦当有相当的搜集。

间尝思之,中国自有书册以来,文化日进,而历代刊行书籍甚多。如能有大力者,编一中国图书大辞典,则贡献足以前超古人。今日所有经史子集,不下数十万部,故学者如一一披卷,不啻如鼹鼠饮河,河伯四顾茫然,靡知所届。况每求一书已得其目,而不知其书之存亡;即的知其书之存,而不知其书之何在。如是者辗转检考,广咨旁询,为力甚劳,为工甚微。规模较大的图书馆或者可以担任这一部分事件。

第二章　图书馆建筑

图书馆的建筑当然要符合图书馆利用的目的。因为图书馆的建筑,和图书馆的效用有密切的关系。对于地位上的选择,各种建筑的观察都要十分注意。建筑的步骤当然先去选择地点,地点既定之后,再为工作设计,草图预备之后,要加以研究。在设计的时候要注意的有以下各项:

一、阅览室应减少行人的烦扰。

二、公开阅览室的构造要宜于监视。

三、书架之高度不得过七尺。

四、日光充足。

五、便于清洁扫除。

六、空气流通调节温暖。

七、应有防火设备。

八、预先设计备有发展的可能。

以上八条是设计的时候应先行注意的。如果是小的图书馆当然有缩小的设计。但市立或县立的图书馆建筑的时候,就要注意这许多事了。

设图书馆只有一间的就要预备以下各种:

一、阅览室　　二、壁书架　　三、事务室　　四、入口

设一图书馆而有二间的,就要预备以下各种:

一、书库　　二、阅览室　　三、事务室　　四、出纳台　　五、门房

六、入口

设为一规模较大的图书馆,就要预备下列各种:

一、书库:

普通书库　特别书库　儿童书库

二、阅览室:

普通阅览室　特别研究室　报纸杂志室　儿童阅览室
目录室

三、事务室

四、作业室:

印刷室　装订室　消毒室　打字室　暖房室　会议室
接待室　讲演室　陈列室　休息室　食堂

五、办公室:

图书馆长室　委员会室　办公室　编目室　编纂室　采
访室　总务室　会计室

六、其他:

差役室　厨房　储藏室　车屋　门房　燃料室　便所
出入口

七、运动场

八、庭园

建筑的要件　图书馆的建筑有三个要件即是美观,坚固,合
用。能符合这三种条件,建筑可说没有什么毛病。关于图书馆内
部的配备,没有一定的,这要随各图书馆的大小自由定规了。在图
书馆中所最注重的有三部分即是书库,阅览室和办公室。

书库的主要目的是藏书,同时也要利用书籍,取书便利。关于
免火的设备自然要以避火的材料建筑书库为宜。书库里也要空气
的流通。书架最好是用铁架,坚固耐久。

书库的地位是有一定的限制的,如果到了相当期限,书架加
多,书库要另外建筑,应该有发展的余地。至于书库的出纳书籍交

通方面也要顾到便利。

阅览室的种类很多,但是有一共同注意的地方,第一要光线充足,第二要不受外来声音的烦扰。阅览室可以分为数种:

一、普通阅览室　普通阅览室的地位往往很大。无论大小学图书馆都不能废掉。普通阅览室的桌子椅子和公共参考书陈列的地方都要附合。晚间阅书所用的灯和光线的来源都要注意的。

二、特别阅览室　特别阅览室专门为学者和著作的人设立的。周围设有书架,备有专门书籍,以供参考。

三、儿童阅览室　儿童阅览室应在一层,以免升降楼梯的麻烦。书架的布置也要适合儿童的心理。

办公室的布置和支配都是以馆员安心办事,经济时间为目的。各办公室的配置往往有不同。要看行政的组织的系统如何,然后规定。

第三章　图书馆立法

图书馆的设立要有法律上的根据,所以图书馆立法是现代国家政策所容许的。图书馆立法的利益第一可以鼓励图书馆的设立,第二可以保护已有的图书馆,第三可以促进图书馆事业的发达,图书馆设立的普遍。

东西文明各国都有图书馆的立法以提倡图书馆的事业,美国于一八四六年即有图书馆立法。实在因为图书馆是一种教育的方式,国家不独要鼓励,要提倡,而且指定预算专门作图书馆的事业。

我国图书馆的立法起源于清代宣统年间。民国成立略有更改,至民国十九年而图书馆的设立,始有了根据。兹分述如下:

宣统元年学部奏拟图书馆通行章程,其文如下:

第一条　图书馆之设所以保存国粹,造就通才,以备儒学专家研究学艺,学生士人检阅考证之用,以广征博采,供人浏览为宗旨。

第二条　京师及各直省省治,应先设图书馆一所,各府,厅,州,县治,应各依筹备年限以次设立

第三条　京师所设图书馆定名为京师图书馆,各省治所设者定名为某省图书馆,各府,厅,州,县所设者,曰某府,厅,州,县图书馆。

第四条　图书馆地址,以远市避嚣为合宜,建筑则取朴实谨严,不得务为美观。室内受光通气,尤当考究,合度,预防潮湿霉蚀之弊。

第五条　图书馆应设存书室,阅

书室,办事室。

第六条　图书馆应设监督一员,提调一员,(京师图籍浩繁得酌量添设以资助理)其余各员量事之繁简,酌量设置。京师图书馆员由学部核定。各省图书馆员由提学使司转详督抚核定。各府,厅,州,县治图书馆员,由提学使司核定。

第七条　图书馆收藏书籍分为两类:一为保存之类;一为观览之类。

第八条　凡内府秘笈,海内孤本,宋元旧椠,精钞之本,皆在应保存之类。保存图书,别存一室,由馆每月择定时期,另备券据,以便学人展视。如有发明学术,堪资考订者,由图书馆影写刊印钞录编入观览之类,供人随意浏览。

第九条　凡中国官私通行图书,海外各国图书,皆为观览之类。观览图书任人领取翻阅,惟不得污损剪裁,及携出馆外。

第十条　中国图书凡四库已经著录,及四库未经采入者,及乾隆以后所出官私图籍,均应随时采集收藏,其有私家收藏旧椠精钞,亦应时假钞,以期完备,惟近时私家著述,有奉

旨禁行及宗旨悖谬者,一概不得采入。

第十一条　海外各国图书,凡关系政治学艺者,均应随时搜采渐期完备,惟宗旨学说偏驳不纯者,不得采入。

第十二条　京师暨各省图书馆,得附设排印所,刊印所,如有收藏秘笈孤本,应随时仿刊印行或排印发行,以广流传。

第十三条　京师图书馆书籍,钤用学部图书之印,各省图书馆书籍,由提学使钤印。各府厅州县图书馆,由各府厅州县钤印。无论为保存之类观览之类,概不得以公文调取,致有损坏遗失之弊。

第十四条　图书馆每年开馆闭馆时刻,收发书籍,接待人士,各项细则,应由馆随时详拟。京师图书馆呈请学部核定,各省暨各府,厅,州,县图书馆呈请提学使司核定。

第十五条　图书馆管理员均应访求遗书及版本,由馆员随时购置买,以广搜罗,惟须公平给价,不得藉端强索。其私家世守不愿出售者,亦应妥为借出,分别刷印影钞过录,以广流传。原书应发还,不得损污勒索。

第十六条　海内藏书之家,愿将所藏秘籍暂附馆中,扩人闻见者,由馆发给印照,将卷册数目钞刻款式收藏印记一一备载,领回之日,凭照发书,管理各员尤当加意保护,以免损失。其借私家书籍版钞印者,亦照此办理。

第十七条　私家藏书繁富欲自行筹款随在设立图书馆以惠士林者听。其书籍目录,办理章程,应详细开载,呈由地方官报明学部立案,善本较多者,由学部查酌奏请颁给御书匾额,或颁赏书籍,以示奖励。

第十八条　京师图书馆经费由学部核定筹拨,撙节开支,各省由提学使司核定筹拨,撙节开支,各府厅州县由地方公款内撙节开支。

第十九条　图书馆办事章程,如有未尽事宜,应随时增订,在京呈由学部核定施行,在外呈提学使转详督抚核定施行。

民国四年十月教育部颁布通俗图书馆规程十一条,如下:

第一条　各省治县治应设通俗图书馆,储集各种通俗图书供公众之阅览,各自治区得视地方情形设置之,私人或公共团体,公私学校及工场,得设立通俗图书馆。

第二条　通俗图书馆之名称,适用图书馆第三条之规定。

各自治区设立之通俗图书馆,称为某自治区公立通俗图书馆。

第三条　通俗图书馆有设立及变更或废止时,依图书馆第四条之规定,分别具报。

第四条　通俗图书馆得设主任一人,馆员若干人,通俗图书馆主任员,应照图书馆第五条之规定,分别具报。

第五条　公立通俗图书馆主任馆员负之任职,服务、俸给等事项准各署委任隶属之规定。

第六条　公立通俗图书馆之经费预算,适用图书馆第八条之规定,公立学校工场附设通俗图书馆之经费,列入主管学校工场预算之内。

第七条　通俗图书馆不征收阅览费。

第八条　通俗图书馆主任员,应于每届年终将办理情形,依照

14

图书馆第七条之规定分别具报。

第九条　通俗图书馆得附设公众体育场。

第十条　私人资财设立或捐助通俗图书馆者,由地方长官依照捐资兴学褒奖条例咨陈教育部核明给奖。

第十一条　本规程自公布日施行。

民国四年十一月教育部又颁布图书馆规程十一条。自此以后设立图书馆者均以此为根据。

五年三月教育部通令,"……凡国内出版书籍,均应依据出版法,报部立案,而立案之图书,均应以一部送京师图书馆庋藏以重典策,而光文治……。"欧美各国有此方法者甚多。

五年十一月教育部通令各省转饬各县图书馆于搜集中外图籍之外,尤宜注意本地人士的著述,以保存乡土艺文,因本地人士对于每一地之山川形势民俗物产记载较详。

十五年教育部通令各县,凡书店出版及私人著述图书应以四部送各省教育厅署,由厅分配,以一部呈部,转发国立京师图书馆,一部迳寄国立编译馆,二部分存各省立图书馆及各地方图书馆,按出版书籍之存置国家图书馆者,美国于一八四六年即已实行。

十六年大学院成立。十二月二十日公布图书馆条例。至十九年五月十日教育部依据大学院图书馆条例,略有增减,订定图书馆规程十四条公布施行,是为今日图书馆的根据。图书馆规程所根据者大部分为图书馆条例。

第一条　各省及各特别市应设图书馆储集各种图书供公众之阅览,如各市县得视地方情形设置之。

第二条　私法人或私人得依本规程之规定设立图书馆。

第三条　各省市县所设之图书馆,称公立图书馆,私法人或私人所设者,称私立图书馆。省立或特别市立图书馆,以省或特别市教育行政机关为主管机关。

市县立图书馆,以市县教育行政机关为主管机关。

私立图书馆,以该图书馆所在地之教育行政机关,为主管机关。

第四条　省立或特别市立图书馆设置时,应由主管机关呈报教育部备案。市县立图书馆设置时,应由主管机关,呈报教育厅备案。呈报时应开具左列各款。

一、名称。

二、地址。

三、经费。(分临时与经常二项并须注明其来源)

四、现有书籍册数。

五、建筑图式及说明。

六、章程及规则。

七、开馆日期。

八、馆长及馆员学历经历职务薪给等。

私立图书馆由董事会开具前项所列各款及经费,管理人之姓名,履历,呈请主管机关核明立案。并由主管机关,转呈上级教育行政机关备案。

图书馆之名称,地址,经费,建筑,章程,馆长,保管人等,如有变更时,应照本条之规定分别呈报。

第五条　公立图书馆停办时,须

由主管机关呈报上级教育行政机关备案。私立图书馆停办时,须经主管机关准核,并由主管机关,转呈上级教育行政机关备案。

第六条　公立图书馆除搜集中外各书籍外,应负责收集保存本地已刊未刊各种有价值之著作品。

第七条　图书馆为便利阅览起见,得设分馆,巡回文库,及代办处,并得与就近之学校订特别协助之约。

第八条　图书馆得设馆长一人,馆员若干人。

馆长应具左列资格之一。

一、国内外图书馆专科毕业者。

二、在图书馆服务三年以上,而有成绩者。

三、对于图书馆事务有相当学识及经验者。

第九条　图书馆职员每年三月底,应将办理情形报告于主管机关。

第十条　省,市,县立图书馆及私立图书馆之概况,每年六月底,由省教育厅或特别市教育局汇案,转报教育部一次。

第十一条　私立图书馆以董事会为设立者之代表,负经营图书馆之全责。私立图书馆董事会，有处分财产，推选馆长，监督用人行政，议决预算决算之权。

私立图书馆董事会之董事第一任，由创办人延聘，以后由该会自行推选。

第十二条　私立图书馆董事会应于成立时开具左列各款，呈请主管机关核明立案。并由主管机关，转呈上级教育行政机关备案。

一、名称。

二、目的。

三、事务所之地址。

四、关于董事会之组织及职权之规定。

五、关于资产或资金或其他收入之规定。

六、董事姓名籍贯职业及住址。

第十三条　私人以资财设立或捐助图书馆者，得由主管机关遵照捐资兴学褒奖条例，呈报教育部核明给奖。

第十四条　本规程自公布日施行。

第四章　儿童图书馆

儿童兴趣　生活是快乐的,有兴趣的生活更是快乐的。每个人都有他自己的兴趣,各人兴趣的浓度也不同。这些兴趣一半由于个人的意志,一半由于社会的环境陶冶成功的。俗语说龙生龙,凤生凤,老鼠生的儿子会打洞,一方面固然出于身体的遗传,一方面也是出于社会的遗传。社会的遗传力量比较的大。

社会遗传的力量所产生的结果是文化。保持文化久远最有力的工具当然是书籍了。儿童图书馆,学校图书馆,公立图书馆保持支配管理利用都是书籍。书籍是人类的记录,也是人类有兴趣的记录。

儿童是将来的成人,他们的兴趣就是社会的兴趣,他们能接受书籍的兴趣,就承受了人类文化的遗产。兴趣是个人不同的,男孩子与女孩子的兴趣,成人与幼童的兴趣不同。研究儿童图书馆的设备管理和应用,先要知道儿童的兴趣。

兴趣是有时代的变迁的,时代者一个期限或三十年,或五十年,在这一时代内,有一默许的标准,有一众意同归的嗜好,儿童生在这时代内的有一特别嗜好。十九世纪儿童的玩具是火车轮船,二十世纪儿童的玩具是飞机和汽车了。

兴趣的种类　海尔巴德曾分兴趣为六种:关于智力者:有经验的兴趣,推究的兴趣,审美的兴趣。关于感情者:有同情的兴趣,宗教的兴趣。论者以为似此分类专在精神上着想;对于儿童身体的机能上,不免缺漏。窃以为上列的分类法,固有修正的必要;但就身体的机能而论,最重要者,当推运动的机能与感觉的机能二种;在研究的时候,可将内部的精神做骨干,在实施上,须注意到身体的机能。如是双方兼顾,定能减少缺陷。

属于智力者:分经验的兴趣,推究的兴趣,审美的兴趣。论到经验的兴趣与身体的机能,实大有关系。如某处辟一公园,有人邀往游览,心甚愿意。入园后得领略山石河池亭台花木等胜景,呼吸新鲜空气,散步园林,天然有一种乐趣,此在精神上增加经验,在身体上运动感觉上,亦都有关系。所以在选择读书之时,所读之书亦为经验之一种,在小学校中凡学习功课或持物观察或听声音,或亲加试验,均须随时斟酌,使儿童得有运用。

推究兴趣发生最早。苏格拉底的教学方法即推究之一种。遇事推究,循环不绝,为最良的方法。

至于审美的兴趣,即在幼小儿童,对于快耳的声音,悦目的图画,无不个个欢喜,到自己能发表的时期,尤喜用彩色铅笔作自由图画。建筑校园,种植花草,养小动物,都可发生美感。图书室内布置整齐,可养成动作与办事之良好习惯。凡此种种举动,能引起无限的兴趣。

属于情感者:分同情的兴趣,社交的兴趣,信仰的兴趣三种。如何发见同情的兴趣,幼稚儿童同情最丰富。见人啼哭,亦自啼哭;见人嘻笑,亦自嘻笑。年龄长大后,往往为外物所诱,失却天真。社交的兴趣乃儿童欢喜合作之表现。喜群居,恶独处,确为人类之天性。至于宗教信仰则基于社会之遗传及个性之所近而发生兴趣。

属于行为者:分愿望的兴趣,练习的兴趣,负责的兴趣三种。就愿望的兴趣讲:大而言之,成功一种惊天动地的事业;小而言之,就如寻常小儿做成一种游戏。譬如哥伦布之发见新大陆,其所历艰困情形,不知多少;但卒能百折不回,达到目的。

练习的兴趣可以习字为例,数次练习之后即发生继续练习的兴趣。早晨行深呼吸亦然。

责任的兴趣发生于自负的心,重视名誉,爱惜光阴,是人类的天性。要做到善的地位,得到好的名誉,必须先从负责任做起。如果推诿敷衍了事,偶一回思,心中必甚不安。如果尽力操作,心中自然安舒。

我们既知道了儿童的兴趣,就再进一步,来利用儿童的兴趣来发展儿童图书馆的事业。

研究儿童欢喜看什么书有三种方法。第一是统计图书馆儿童借出的书,第二是统计儿童写出来的喜欢看的书,第三是自己直接观察登记儿童所看的书。三法各有利弊惟第三法费时最多。第一法有两弱点,图书馆借出书,只占儿童所读书的一部分,而借出的亦未必即俱为儿童所爱看的书。第二法的疑问有二:不正当的书儿童恐怕不会写出,至于儿童的记忆也有遗漏。不过三法中还是第一法来的真切。

欧美各国研究儿童欢喜看的书,常用的方法,就是由研究人把图书分类,然后寻出某年级的儿童,爱读哪一类的书。这些研究是以书的类别为依归的。例如 Jardan 的研究,把书籍分为小说,儿童小说,冒险,传记,历史,韵文,科学,游记,事实,笑谈等类,以此计出男女儿童爱读的书。

这些研究,书目的单位不是一本书,而是一类书,实用上的效用反减少。因为同是一本书,常可拨归几类中之任何一类。举例说来《水浒》可入侠义小说类,又可入冒险类。

美国研究儿童读书的结果,值得注意的有四点:第一,儿童自己读书的百分率,小学中年级和高年级有剧进。到初中达最高点。高中后化成两种现象,一部分学生仍继续读书,一部分却中止了。是以称十二岁至十五岁为读书习惯的危险时期。就成人看来,女子读书多于男子,速率也较快。第二读书中小说占大部分,而事实性质的书很少。第三男女的差别,九岁前没有,十岁至十三岁间显露。男童爱的是战争冒险的小说,女童爱的是家庭学校生活的故事,神仙故事,恋爱故事。小说以外男童进入于做事方法的书,女童则单看些烹饪戏剧诗词等书。第四就在同一年级,兴趣常有差别。但也不是人人一致。

儿童读书各年级也有不同。一二年级称为低年级。现在中国所有的书籍,能供给低年级的差不多可以说是没有。一二年级的学生对于图画的观念深,所以一二年级的书以完全图画描写为佳。中年级的兴趣是集中在神话,童话,故事和小说。那时期所爱读的,都是远离实际生活,或者是神奇怪诞的书。儿童那时想像力正发达。

高年级的学生对于想像色彩的小说,仍占势力。剑侠和探险游记一类的书,也比较的占地位了。

美国克尔雷(Alice M. Curley)氏研究美国儿童的兴趣有以下各种结果:

男童各年级阅读兴趣如下:

六岁至七岁——动物界,自然界,神仙故事。

八岁——充满想像神仙的故事,动物界,自然界,写实故事。男童读男童的故事,比读女童或成人的故事要高兴些。此时寓言的阅读达到最高点,但滑稽小说则不甚喜读。对叙述与情节的兴趣较对文艺的来得高。突然而来的事,常成兴趣的中心。日常生活的故事,也能引起兴趣。

九岁——日常生活的故事与熟识的经验,是此时兴趣所在。动物界故事仍居重要地位。对探险和多描写的小说无多大兴趣,对滑稽小说亦然。

十岁——日常生活的故事是欢迎的,开始对侦探,学校游戏等小说感觉兴趣。

十一岁——战争故事和探险小说变成有兴趣;伟人行述英雄故事是通行的。游历小说,与神怪小说,得到大众的欢迎。

十二岁——探险小说的兴趣增加,战争故事,侦探小说与英雄故事都一样的通行。

十三岁——寓言与动物界故事简直不发见了。日常生活故事与探险小说还可通行。伟人行述,游历故事也得到无趣。并且常以道德箴言为判断。

十四岁——日常生活故事与探险故事最通行了。对战争故事游历故事,伟人行述英雄小史也很有兴趣。知识一类的书不大喜读,而开始对言情小说感觉兴趣。

女童各年级阅读的兴趣如下:

六岁至七岁——自然界动物的故事,神仙故事,简单的韵文等最感兴趣。

八岁——幻想与神化的神仙故事,自然界动物界的写实故事是最感兴趣的。对家庭经验及女童故事兴趣较对滑稽小说为深。

九岁——对神仙故事与动物界自然界故事,有高度的兴趣,喜欢简单的传记和历史的故事。

十一岁——日常生活,探险小说,游历小说,是最通行的。对于言情小说,开始增加兴趣。喜欢动物界自然界故事,也喜欢传记神秘故事。

十二岁——家庭学校生活的故事是最有兴趣的,自然界故事及女伟人的行述也很欢喜。

十三岁——言情小说及日常生活故事是最有兴趣的,对神仙故事仍然还有多少兴趣,十三四岁时对描写有最高度的兴趣。

十四岁——日常生活故事,言情小说及探险小说是饶感兴趣的。对战争故事,侦探小说,妖魔故事及游记都有兴趣。

图画照片 儿童的读物当中一大半要有图画和照片的插入,一以提醒儿童的注意;一以使儿童有欣赏美术图片的能力。普通书籍的图画在绘画时太草率了,不容易明了其中所指的意义,这也是应该纠正的。关于图画照片的制作,要合乎儿童的生活。远离了儿童的生活,也没有多少用处。关于预备图画和照片一事第一要注意的选择那一种图画和照片这是值得研究的。

图画和照片大概可以分为数类:

一、动物的图画和照片 关于动物生活的方式和它们的动作各种姿势。最好这些图画不要太大,贴存在一册一册的黑纸簿子里。所以用黑纸的缘故,是因为可以醒目。如果用蓝色的纸作底是比较更好。这些工作要管理儿童图书馆的人在平时就留心搜集这种图画,而分类贴上,以便儿童阅读。

二、植物的生长图片 儿童最喜欢植物,如花,如草,如树。在各图的下面标明了名称和它的产地,甚或对于人的贡献。本来书籍里应该备这些书和图片给儿童看的,可是为什么没有预备好,出现于世面,也许等些时,他们会注意的。

三、风景图片 关于这一种的图片比较的难一些,也或者从各种画报里,可以剪裁一点,不过这是很少的。本来各地都有风景照片,不过流通于市面的很少。其实各地办儿童图书馆的,可以互相交换,这就不难实现了。

四、人民生活图片 在一国以内,各处人民的生活已经不同,譬如中国人南方食米,北方食麦,这是显然的分别了。蒙古人所戴的帽子,和广东人的帽子不同了。外国人的图片各色人种的图片,也应该搜集的。

五、玩具图片 玩具的图片是儿童最欢喜的,如果在说明上能标明如何的做法,也许儿童自己就自动的去模仿了。玩具的种类很多,每个儿童不能都有这些玩具,就是最有钱人的子女,也恐怕不能办到,但是在图片上,他们可以看见了。

六、儿童生活图片 儿童最喜欢的是自己的事,例如同是一个六岁的孩子,他怎样做,欢喜作什么事,见人是怎样的恭敬,也会唱歌,也会打球,也会作各种玩耍的事。他自己就不期然而然的做这许多事了。

普通的人以为儿童图书馆是要鼓励儿童读书:是的,但是不要让儿童变成一个书呆子,图片可以鼓励儿童的活泼思想,因为儿童的阅书,断不能像成人,坐下来一两点钟很安静的。如果儿童能这样做已经不是儿童,乃是成人了。

关于贴存图片的这些簿子要多少大小,才适合于儿童的利用,大概十一时长八时阔的大小已经足用。如果太小贴存图片就不方便,如果太大儿童翻阅诸多不便。也许有人要问为什么图片的这一种工作要管理图书馆的人自己去做?关于这个问题,只有在小学校做过校长和小学教员级任指导的人可以回答。固然设立儿童图书馆不限于小学校,然而小学校设立儿童图书馆的要占重要的地位。小学校里的经费是有限的,所以这一种工作只得从最经济的方法做去,当然管理的人自己去做,并且可以藉着这一种练习得了不少的经验。

地图 现在的世界人的眼光已经改变,要注意别人的事了。世界上的各处人民风俗习惯是不同的,在地图上面,很可以看出这许多的区分。儿童图书馆中所不可缺少的是地图。地图有悬挂的。本国地图和外国地图悬挂在光线充足的地方。这些地图不要太高,高了儿童看时就很费力。地图的字要大,远处也可以看明白。如果有许多的玻璃桌面,将地图铺在桌面的下面,是最好的了,因为桌子可以看书,同时也可以看地图了。普通的人都注重政治地理的地图,其实自然地理的地图也一样的重要。自然地理的地图标明了山的高度,河海的地位以及风向雨量气候等项,固然这些地图看的时候要说明。能明白了这些地图,对于常识及预备的修养可以说增加了不少的力量。地球仪也可以作为地球图的一种,因为也标明了地方及区域等等事件。

儿童的作品 儿童的作品大概可分三类:一为儿童的图画,一为儿童的书法,一为儿童的作文。这三样作品不妨按着进行练习的次第分贴册内,那就对于检阅的时候,发生莫大的兴趣。这种工作在小学校里一定可以做成功。唯一的问题就是贴在册子上时，要有点美术的布置，那就很雅致了。

有许多儿童可以作很好的文,故事和诗流露儿童的语气,更可以藉此以研究儿童的心理。有许多的儿歌是如此造成功的。

图表 图表的贡献是对于儿童的见解有具体的表现。譬如讲到中国人口的多少,无论怎样在儿童的脑海里尚没有数字伟大的意识,但是有一个图表来证明就很可以表现得出来了。现在的出版界对于图表还没有注意。即是已经出版的,对于设计及美术上很少用力,所以他们的影响很少了。

现在工业的发达很速,但是在内地的儿童,很少机会看见工厂,如果有了工厂的图表,儿童看见了,也可以激发他们工业的兴趣。在历史上所有的工业伟人,他们的成功是小时预备好的。假如没有预备,即幸而有机会,可以说成功很少。在图表的设计中,工业的图表最好也占重要的一部分。

儿童图书馆分类

0 00	总类	90	小册
10	儿童图书馆学,阅览规则,借书规则,儿童书目检字	100	语言
		10	国语
20	读书法,指导书	20	国音
30	百科全书　儿童,少年日用	30	文法,小学作文,造句,虚字用法
40	儿童丛书	40	会话　普通国语
50	字典,辞书,小学字典,辞书	50	演说
		60	外国语
60	杂志,刊物	200	教育
70	新闻报纸	10	教科书
80	年鉴	20	公民教育
		30	家庭教育

40 性教育

50 职业教育

60 道德教育

70 体育教育

80 特殊教育

90 宗教教育

300 社会科学

10 三民主义 浅说,问答,要旨

20 经济 生活,浅说,合作

30 政治

40 法律 五权宪法 约法,民法,警法

50 社会问题

60 家庭问题

70 社会机关 青年会,小学学生会,小学成绩,自治会

80 童子军 童子军教育,组织,游戏

90 风俗 中国风俗,礼节

400 艺术

10 剧本 儿童剧,历史剧,学校剧,歌剧

20 歌曲 儿歌,诗歌,歌谣

30 游戏 幻术,手影,魔术,玩具

40 书画

50 手工 摺纸,剪纸,木工,泥土

60 装饰 个人,家庭,集会装饰

70 园艺风景 小园艺,各地风景片

80 音乐

90 摄影

500 自然科学

10 算学

20 生物学

30 物理学 电,磁,光,音,重,力,水

40 化学 初步化学,游戏化学

50 天文学

60 地质学 山,川,河,湖,海

70 动物 走兽,爬虫,飞鸟,游鱼

80 植物 林木,草,田产

90 花类

600 应用技术

10 生理卫生 人体结构,卫生大要

20 医药浅说

30 农业浅说 耕种,种子,养畜

26

40	工艺	10	世界地理
50	工程	20	世界地图
60	商业　小商人,商店,银行	30	中国地理
		40	中国地图
70	交通　水,陆,空	50	世界游记
80	尺牍	60	中国游记
700　文学		70	儿童游记
10	诗文　日记,文艺	80	游览指南
20	童话	**900　历史**	
30	故事	10	人类生活史
40	小说	20	世界史
50	寓言	30	中国史
60	神话	40	中国革命史
70	笑话	50	中国国耻史
80	谜语	60	世界名人传
90	传说	70	中国名人传
800　地理		80	儿童传

阅览指导　儿童读书并不是像成人那样自己知道应该读什么书？怎样的读书？儿童读书的时候要有人去指导。一个儿童进了图书馆以后不知道自己应该作什么。看看别人,也许要采取别人所正看的书。自然图书馆里要有秩序的,指导的人就可以利用机会指导儿童了。

阅览指导所要注意的有阅书的规则,借书的方法,读书的方法,和个人的谈话。在这些过程中阅览的指导者,就要执行他的职务了。

读书的方法　儿童读书的时候姿势和体态很不注意的。假如不常留意眼睛或者因此要近视,身体或者要偻屈,在阅书的时候,能予以纠正,自然得了很大的益处。也有儿童只翻图画,不看字的,这一种浏览的态度,固然也可以栽培儿童向学的心,至少在说明的地方要加以了解的。

阅览图书不必太注重记忆,但至少也要知其梗概。儿童在幼年能这样的注意,必能养成良好的习惯。儿童所最喜欢的当然是故事和小说一类的读物了,因为叙述的文字,生动的,很可以帮助增加儿童的兴趣。

阅书规则 阅书的时候有几种最容易犯的毛病,大声讲话,喜笑,用唾液沾手翻书,折叠书角,脱落书页等等。固然图书馆有规章要说明读书的人应该如何如何,然而儿童并不能背诵这许多规章如同成人一样。最好的方法是用劝告式。这样儿童就可以养成了良好的习惯。阅书的时候,不要太长,有半小时也尽够了。

儿童的阅书往往不能如成人那样的仔细,然而可以给他们一种概览式的阅读。至于高年级的小学生阅读小说倒是很用力的。

关于报纸的阅览,现在还没有很好的材料,《儿童晨报》也可以当作一个重要的报纸了。我们并不希望每个人读书很多,但是养成习惯和注意很小的事情,就是成功的秘诀。

杂志

现在所出版的杂志专门为儿童读的,有以下各种:

期刊名称	全年册数	定 价	出版者
儿童画报	二十	一元六角	商务
我的画报	十二	一元二角	新中国
低级儿童杂志	二十	一元二角	儿童书局
中级儿童杂志		一元二角	儿童书局
小朋友	五十二	二元五角	中华
儿童世界	二十四	二元四角	商务
现代儿童	二十四	一元四角四分	现代
小学生	三十六	一元八角	北新

期刊名称	全年册数	定　　价	出版者
儿童晨报	百期	三元	晨报社
高级儿童杂志	二十	一元二角	儿童书局

儿童的杂志中的图画粗俗的固然也有,但是近来对于儿童的书籍的美术已进步不少了。我们看见儿童书局所出的书籍就可见一般了。儿童读杂志的时候,有时不能看一篇故事,遂即读完,这是应该鼓励他们的。

选择书籍　选择书籍要适合儿童条件,故选购之时较普通一般之书为难。书籍乃儿童精神生活的食粮,供给的得当与否,关系于儿童的生活力很大。所以加一番选择的工夫方可如意。

关于题材　一适合儿童心理和程度　从幼稚园到小学毕业的一段时期里的儿童,发育最快,心理状态的变化也很大。所以为儿童选择书籍,必须根据心理的发展过程,随时变换材料,以求适合。

二、趣味浓厚　趣味浓厚,才有吸引儿童爱好的力;有吸引力才能使儿童得到深刻的印象。自动的读书或去研究一些事务,都是靠着兴趣完成的。

三、生动活泼　儿童整天在动的过程中过生活,同时也欢喜别人一样的活动。所以儿童书籍的题材,须富于叙述动作的,而最忌静止的描写。此外应有想像的余地,有了余地,可使儿童听了之后,有工作可做,有事理可研究。

四、思想积极　儿童书籍的题材,应含有积极的思想,鼓励儿童振作有为。故凡于儿童心理的卫生有伤害的可能者;如沮丧,忧郁,凶恶恐怖,残忍,颓废的资料,均在排斥之列。

五、有益道德　在儿童时代,对于德性的培养,最宜注意。故凡足激发志气,陶冶性情的儿童书籍,须多供给。

六、同情心理　人对于人应有忠实的同情;见到别人的不幸,须竭力设法补救其缺陷,代谋安慰与福利。儿童对于这一点间接学来者多。

七、科学精神　我国受迷信之害,已千余年,今后之儿童,似不应再使其信仰木像主义。所以儿童书籍之题材,须避免神怪与违反科学的资料。

八、适合国情　我国儿童读物,有许多是从外国翻译来的。在选择的时期,要注意国情。所谓国情,可分三项来说:一是关于政治的;二是关于地理的;三是关于风俗的。关于政治的如以国王公主来作题材,不适合国情,因我国为民主主义之国家。关于封建之思想,应该铲除。关于地理的如西伯利亚多熊,我国少熊,以熊为题材自不合适。关于风俗的如以复活节为题材,则儿童之了解力量甚小。

九、适应环境　图书馆所在之地不同,有居于城市中者,有居于工业区者,有居于山间者。山乡的儿童,欢迎野兽打猎的故事;水乡的儿童欢迎游泳,水产船舶等读物。为求适应环境计,亦须加以研究。

关于书之结构固以著作者为应注意之人,然主图书馆之事务者,也应有相当的明了,则儿童读书时,可以得到帮助。

一、篇幅简短　篇幅简短,不宜过长,以免儿童发生厌倦。

二、层次清楚　层次须清楚,切忌毫无计划,杂凑成篇。

三、变化奇突　奇突的变化最易耐人寻味。

四、描写生动　情节及人物的描写,须栩栩如生,精神饱满。

五、词句简练　词句须简练灵巧,不宜冗长板滞。

六、用字适度　用字应由浅入深;反复次数宜多。

七、力避土话　土话土典,均须避免。

八、主旨贯串　前后一致主旨贯串。

这是关于书的内容的。关于各类的书的比例也要分析明白,权其轻重。例如专门图书馆内所有书的各类的比例就与公立图书馆不同了。公立的图书馆是为普通一般人民所设的,书籍各类的比例相差没有多少。假如是商业图书馆那么商业的书籍一定多。儿童图书馆儿童的书籍自然要多了。儿童的文学,小说,故事,这些都是儿童图书馆内的重要部分。其余自然科学应用技术等也应该有。

生活的书比较最能引起儿童的兴趣,因为儿童很留心别人的生活。儿童书籍中各种的生活表现,如果都用说明式或叙述式的描写,阅读的时候也可以增加兴趣了。关于友谊和儿童亲善的书也是在被选之列。

关于儿童书目的有日内瓦国际教育会所出版的《儿童书目和国际友善》(Children's Books and International Goodwill),在这一册里各国的儿童用书最著名的都写在里面。在他的说明里有几点可以注意的。

一、文学 布威先生(M. Pierre Bovet)在他的第一次《儿童书目和国际友善》的序文里,曾注重儿童的文学。而且儿童文学的著作品翻译最普遍。例如《鲁滨孙漂流记》(Robinson Crusoe)已经翻译成各国的文字。同样克利米(Grimm)及安徒生(Anderson)的童话也翻译成许多国的文字。在儿童的书目里,很可以看得出这种书籍的地位。

二、儿童生活书籍 儿童所喜读之书其最多者为关于儿童生活之书。儿童所喜欢知道的是别个儿童的动作,怎样吃饭穿衣服,和小朋友来往。

三、增进儿童友谊的书 自然国际教育会很注重这一件事,不但本国本地儿童的友谊可以增进,就是他国的儿童友谊也可以增进。

四、儿童自己写的书 多数的人以为儿童不能写书,其实不然。儿童也有他们的意思要表现,有的时候竟比大人表现的更完全些。儿童写的书现在很少,因为向来的社会是属成人的,所以儿童表现的机会少了。

第五章　学校图书馆

学生入学为求知识锻炼身体。但是除了教科书和教室讲授之外,也要多备图书,供他们浏览。现在的教授注重启发自动,从前的崇拜教科书主义已经为教育家所痛诋。学校若没有图书馆,自然会走到这步的。

学校图书馆的利益　学校设立图书馆不独对于儿童的学业上有关系,对于品行的训练,习惯的养成,和校风的纪律上,都有关系。校中的空气变成向学的空气,就是教育目的的实现。

一、增加知识　学生可以利用图书馆,增加课外的知识,扩充眼界,以图书馆内的书籍,代替教员。

二、参考实验　课堂里所得的东西,因为时间和空间的限制,是不能获得整个的。要到图书馆里去参考,好比到实验室里去实验一样。

三、养成习惯　读书习惯是人生的最好的习惯,不过是要从少年时养成的。图书馆就是读书的养成习惯的地方。有了读书的习惯,然后可利用暇时,作高尚的消遣。若无读书的习惯,学问就无由长进。

四、养成公德　图书馆是公共的机关,可以养成儿童的公德心和爱群的观念。并可以鼓励他们对于公共人群的责任的思想。在图书馆里也可以练习许多礼节,如轻轻的走路,不要大声谈话等等。

五、经济省事　图书之在今日,汗牛充栋。价值很大,无论何人,不能买全了这许多的书。但是在图书馆里可以完全的利用了。这是非常经济的。如果一个人买了许多的书并且要去保藏管理,这是很费事的。有图书馆代我们管保省了许多的事。

学校图书馆的目的　学校的等级不同,有小学,中学,大学,专门学校。学生的对象不同,图书馆的目的也不同了。学校的范围也不同,也有经费很充足的,自然图书馆的预算也大。学校图书馆无论其设备如何至少要有以下各种目的:

一、书之保存在利用,不可拿作古玩收藏,所以选择书籍之时,不可以价值大,便有利益。书籍要能适合学生的用途,方能成为最大的利益。

二、图书馆应以学生为中心。书室的布置,出纳的手续,阅览的指导,都要从学生方面着想。馆内的办理,也要使学生便利。

三、图书馆在学校是必需的,像课堂一样。不过因经济和地方上的关系,范围有大小,藏书有多少。

四、学校原是求知识的地方,但是图书馆应该做学校求知的中心。馆内一切的布置,要有条理,有点缀,有种种方法,可以引起读者的兴味。馆员对待阅者,要和蔼可亲,并且要很恭敬诚恳的服务。

五、学生应该明了图书馆普通的手续和重要参考书的用法。管理图书馆的人应该把馆的布置和目录的用法借书的手续和书籍的用法教授学生。使他们能充分的利用图书馆。

学校图书馆的范围　学校图书馆的范围自然应该以学校为范围,可是校外所能及的地方,也不妨扩充校内图书馆的利用,或公开的利用。这要看学校的政策如何再行规定。学校图书馆管理员对于学生也负一部分的训练责任。学生的道德,秩序和卫生习惯,也当留意,随时指导。

一、参考研究　对于学生参考研究上予以指导。

二、借书流通　学生可以贷借书籍回家利用闲暇读书。

三、图书展览　图书或图画的展览对于学生的兴趣可以增高，同时可以增广见识。

四、陈列报纸杂志　供学生的浏览。

参考图书馆　图书馆供给研究学术的材料。图书馆内的参考部分，贡献特大，例如某人欲研究某项问题，可将题目送交图书馆之参考部。参考部备有索引，一索而得，其为图书馆所无者，图书馆亦可代为搜集。

英国棉道先生（John Minto）曾著有《参考书》（Reference Books）一书，伦敦图书馆协会出版。全书分十大类，按照比京布鲁塞尔之国际目录学会，十进分类法号码排列。美国国会图书馆分类号码亦注明于书目之后，对于参考研究，殊多便利。

美国哥伦比亚大学马琪女士（Isadore Gilbert Mudge）曾著 Guide to Reference Books 一书作为研究根据亦多便利。

关于研究学术的专门工作，其藏书亦可互借，各大图书馆所藏秘本，亦可编一总目，以便检查便利。对于各处图书馆所藏之书，可移其不同的书籍于一处，指示参考，自感便利。一遇有人要何种材料，即可指示门径，事半功倍。

第六章　推广事业

图书馆事业繁多,图书馆推广亦为其重要事业的一种。从事于此项工作者须有特别训练。图书馆为文化而宣传而奋斗,不有猛进精神,不能独树一帜,以求达为文化使者的命运。

从事于推广事业者,社会学,社会组织,社会心理均不可缺。所注重者在经验,不在理论。在实际不在敷衍。而图书馆学的专门训练,亦为基本工具之一。推广事业,可以分为数种,述之如下:

一、演讲　演讲已成为一般人士所明晓者。惟演讲所得的效果如何,不可不加以研究。百人同听演讲,有得零分以至百分之百者,有以此演讲而毕生改其性情,旋成伟人者,有因此演讲而生反感者。故演讲的地点,演讲的人,所讲的题目,演讲的时间,均须特别注意。听众的普通嗜好,是否为知识阶级,抑平民阶级,在筹备演讲的人,当然应该注意的。

二、巡回书库　巡回书库用书箱储藏图书,送到各处,供人利用,有流动性质,凡是缺乏图书的地方,都可以设立。巡回书库的价值是能达到穷乡僻壤,巡回书库用汽车最为便利,第一可以多载些书,第二行动甚速可以节省时间。走路的时间少,利用的时间就大了。巡回书库也有用木制的车的,但是效果甚小。

三、盲人书库　盲人不能看见,他们的文字,也是利用锥子锥成凸起的符号拼为文字。这一类的书只能称为书库,不能称为图书馆,因为特制的书数量也少,种类也少。打字机的首先发明是非盲人用的,因为盲人要有凸起的字的书,最初的打字机,所打的文字,字是凸起的,盲人可以手指抚摸,但是以后就渐变为普通用的打字机了。但是盲人如果用抚摸法(Touching system)去练习打字,他一样的可以写信,可以办公。

四、病人书库　病人在医院中养病,大多数可以利用眼睛看书,有时有书看,反倒可以帮助他们快一点恢复康健。因为书籍就是朋友。病人所看的书的管理因个人的情形而不同了。一天可以看多少,方才有益。所看的是甚么书。普通的图书馆里看书是任人自择的,但是病人所看的书要管理的人自己去择了。

病人所看的书看完了之后,要去消毒,这是一定的手续。

五、监狱书库　监狱里的囚犯,大多是困苦的人,有了书作他们的朋友,也可以加一点快乐。长期徒刑的人如果有研究学问的兴趣,天天读书也许在出狱之前已经成个文学家。

儿童图书馆的推广事业　儿童图书馆之设立有附属于学校者,有附属于公立图书馆者,有附属于民众教育馆者,有单独设立者。儿童图书馆就其可能之范围言之以小学之附属性质有最多,其前途之发展亦必速。小学校现虽以经费之限制不能扩充,然在教育经费稳定之后,小学之图书馆必能发达。学校既以教育为使命,学校图书馆实有促进自动教育之可能。教室之训练无论其方法如何,终不免有多少之灌输式性质,惟图书馆之性质则不然,乃儿童自动读书之地。

附属于公立图书馆之儿童图书室,虽现在之中国图书馆有此力量以辟一特别室号为儿童阅览室,或儿童图书馆之名称,然其成就较小。何则?因今日之管理公立图书馆者对于儿童之兴趣及其分类设备等缺乏研究。所设置者不过是一种样式。且管理图书馆者多以夸大自居,以有特别之图书自诩,故对于儿童之图书馆甚少注意。

试先研究公立图书馆的阅览者,其中百分数最大的,属于儿童,但是管理的人,并不去注重这些事。因为这是事实上的问题。我们试看有许多有名的人,他们的事业很有成功,然而在他们管理自己的家庭多归失败。有两样事情在一处叫一个人管理,他结果必把那件大的事情做好了,而把那件小的事情消没了。图书馆的管理也是那样。

关于民众教育馆里的图书馆不过是一部分的事,民众教育馆的事业很广泛,要他们去注意儿童图书馆的事业,恐怕有些地方是做不到的。然而民众教育馆的设施最普遍,不妨请他们注意儿童图书馆的设施。或者在他们的图书馆里能分一部分专门为小孩子用的。

独立的儿童图书馆是最合适的了。因为专门只有一个主要的事,当然办事的人要努力些。在研究比较一方面以女子经营儿童图书馆为最合适。因为她们也可以晓得儿童的兴趣。她们也喜欢和儿童来往。

经营儿童图书馆的既有四种,但是因为他们主办的机关不同,推广的事业也不同了。就现在已经实行的几种实验,分别述之如下:

儿童谈话会　儿童读书或者关于故事的,或者关于文学的,科学的及玩具的制造方法也有的。在他们读完了之后,不妨叫他们坐在圆桌旁,背诵或述说一次。这也是他们乐于加入的。在这种会的组织上,不要太注重形式,好像上课一样,那些儿童下次就不来参加了。

演讲会　对于儿童的演讲不比寻常,要以儿童的接受能力为对象。普通演讲演的人总以自己为主,发表个人的感触。这些感触都是成人的感触,儿童是无心去听,无心去接收的。演讲的题目也要注意。至于时间的长短都要考虑。这没有一定的规定,要因时制宜的。

留声机唱片　现在国语是应该注意的了,因为教师的训练不能一致,能说纯粹的国语的,恐怕人数很少。在此就不能不利用留声机的唱片了。图书馆里应该收留一点留声机的底片,国语演说和音乐片均按次序排列保存着。规定一个时间开唱,一般的儿童都可以来听了。

幻灯彩片　演科学的故事最好的莫过于幻灯彩片了。有了幻灯彩片演讲的时候可以给儿童以良好的吸引力。可是儿童的习惯每逢遇到这样事情就吵闹的不得了。所以假如有教员在他们的面前,他们一定肃静的。关于卫生的,科学的,和工艺的彩片都是一般的儿童图书馆所欢迎的。

地质岩石标本　无论在甚么地方,总有沙,泥,岩石,和种种的自然界土中所有的东西。儿童图书馆不妨搜集一点,标明着名称。关于这一点恐怕有人疑惑,小学校的图书馆管理员或儿童图书馆的管理员要明白这许多东西,那未免责之太甚了。如果他们或她们在学校时有一点地质地文的训练,这也并非难事。

此外地球仪和地图等都是图书馆所需要的东西。在小学校里大概是容易做到,因为教具的关系,多少要采办些。或者有人问儿童图书馆里要需要这许多东西,未免太奢侈了。文化将要普遍,教育的费用一天一天的在增高。如果现一代的儿童没有良好的训练,下一代的中国恐怕更危险了。

家庭图书馆　图书馆本来没有大小的分别,有些册书,好好的放在书架上,保存着,利用着,也可以称为图书馆了。儿童在学校内有儿童的图书馆为他利用,在家庭里有家庭的图书馆为他利用。所以儿童图书馆管理的人也可以随时劝儿童的父母设一个家庭图书馆。有几种书为一般为父母的所必须读的如:

儿童心理学　育儿法　父母学　卫生常识　小说　音乐　美术图画　地理地图

这些书籍都是家庭里所必备的。家庭里能多备一点小说和小品的读物对于生活上就发生了很大的兴趣。

在中国做母亲的,的确太容易了,因为引用习惯法的缘故,把儿子看得太随便。只要他们不生灾害病,能平平安安地一年年长大,男的娶老婆,女的嫁丈夫,便算尽到做母亲的责任了。

有钱的太太们,生下了子女,将整个的养育的责任,付在乳娘身上,贫穷的黄脸婆,每日洗衣,烧饭,缝补还来不及,哪里有余工夫来管小孩,于是拖鼻涕,脸手乌黑的小孩子,塞满了街道,这都是缺乏教育的结果。

家庭有了图书父母亲可以从此得了些知识。他们的生活就不像以前的无趣了。要知道人类前途的命运,实掌握在扶摇篮者的手里。为国家的前途计父母的图书馆是应该即刻备办的。

家庭图书馆里所用的书以儿童教育育儿法卫生及家事管理等为最有用。关于这一类的书儿童也喜欢读的。但是父母亲的需要要比其余一切为大。关于小说及童话儿童的知识,这一类的书,虽说是小孩喜欢读,而成人也是欢迎的。正可以利用这些书述说一点给儿童听,那自然是好得多了。

家庭书库的发展是必定的趋势。人们的薪给高一点的,对于书籍的购买是很乐意的。家庭书库的整理也可以利用儿童的爱好书籍的心理去利用。儿童在小学或公共的图书馆里有了训练,在家庭中必能作一个良好的孩子。

第七章　图书馆学教育

研究图书馆学而著图书馆管理之书,最早者为希廷格(M. W. Schrettinger),在其《图书馆学教本》(Essay at a Complete Text Book of Library Science)中叙述已详。希氏论文于一八二九年出版。文中言明图书馆之设施,及其分馆之设备,而对于图书馆学之学校,亦已略言及之。所谓之图书馆学校,称为 Pflanzschulen,目的在养成图书馆的管理人材。

一八六一年德国已有正式的图书馆课程。一八六四年奥国政府规定在国家图书馆服务者,须受图书馆学之训练。一八七四年时,图书馆学及分类法已在 École des Charles 实地教授。维也纳大学亦有图书馆学。法国在一八七四年于 Freiburg 设图书馆学校,教授者为 F. Pullman。

一八七七年图书馆协会在伦敦开会之时,设图书馆学校专门训练图书馆人材,开始发生研究。一八六五年 Manchester 之 Crestadoro 博士言明政府之图书馆人员,应以有图书馆训练者补充之。

美国以欧洲图书馆之进行及其愿望而发生兴趣。杜威(Melvill Dewey)氏首先创办图书学校。一八八三年,杜威氏以图书学校之计划,供献于图书馆协会,虽有数人极端反对,然议案卒经成立。一八八七年一月在哥伦比亚大学开学,主持者即为杜威氏。图书馆主任及大学校长 Frederick A. P. Bannard,均为辅佐得力之人。入学者二十余人,以四月为期。次年学者肄业七月,渐渐成为正式之学校。于是大学学生之欲入图书馆服务者,咸乐受训练。

美国在俟后六年之间,图书馆学校兴起者有三。哥伦比亚之图书馆学校转至 Albany 之州立图书馆,迄于今日未曾更动。其他若 Pratt 及 Brexel 均为新兴之学校。Pratt 学院主持 Brooklyn 之流通图书馆。

德国图书馆专科学校 德国图书馆专科学校创办于一九一五年,属于德国书籍博物馆,地点在 Lubrug C. I. Dutscher Dlatg,其目的为预备中等图书馆职员而设,根据一九一七年九月二十四日撒克逊(Saxony)之教育局规程而设。年限为四学期,每日下午上课。课程如下:

书志 图书馆学 管理学 书绘法 书业史 博物馆学 分类编目学 科学史 文学史 美术史 拉丁文速记

课程之外定期举行休学旅行参观各地图书馆。入学年限自十八岁至二十岁,男女兼收。入学考试举行打字试验每分钟八十字,每张二十八行,每小时二张。此外也考拉丁文。学费每学期一百五十马克。

美国图书馆学教育 美国图书馆学校设立之始于哥伦比亚大学,俟后迁至阿尔伯那,杜威仍为校长,俟后各种图书馆学校相继设立。图书馆学校设立之初,对于入学甚少考试,有人担保已足。后图书馆学校发达,来者益众,于是举行入学考试,以整齐程度,藉资限制。此种考试可使图书馆学校之程度日渐增高。对于普通入学之时其注意之点如下:

一、填写姓名年龄籍贯表,康健及体力之状况以及父母之职业与其家庭之现况。

二、预备之学校如何离校原因及日期均需报告。所受之语言及教育之训练如何。

三、速记及打字之速度,练习之机器。

四、个人之品行,阅读书籍之范围,所常读之杂志。

五、将来愿在何处任事,如在图书馆内任事,小薪俸可以接受否。同时也可以说明一己的嗜好,及兴趣的所在。

以上不过入学之普通一般的调查,至于入学之后,尤必观察其进步,及其对于图书馆职业所适应的程度。现在美国的图书馆学校日益发达,兹略举数校如下:

学 校	修业年限
纽约州立图书馆学校(New York State Library School)	二
西蒙斯(Simmons)女子大学	四
布那德学院(Pratt Institute)	一
威士登瑞色夫(Western Reserve)	一
伊里诺威(Illinois)大学	二
加里福亚尼(California)	一
威士康新(Wisconsin)大学	一
华盛顿(Washington)大学	一
波斯顿(Boston)大学商科	一
河边(Riverside)图书馆学校	一
西利古(Syracuse)大学	四
圣路易(St. Louis)图书馆学校	一
卡内基图书馆学校(Carneige Library school)	一
德克色大学(Texas University)	一

其他各种图书馆学校甚多。至于入学的程度也有大学毕业的,也有大学程度的。普通大学程度的毕业所得的学位是文学士,曾经在大学毕业过的,又在图书馆专科学校毕业就可称图书馆学士。

课程　纽约州立图书馆学校的课程很可供给我们的参考,因为他设立最久远,而且又是杜威所主持过的学校:

课　程	小　时	课　程	小　时	课　程	小　时
第一年级		第一年级		第一年级	
图书馆管理	一七五	图书馆事务	五一〇	印刷	三〇
美国图书馆	一五	装订	三〇	书架排列	二〇
小学图书馆	二〇	目录	一三〇	标题	七五
图书馆建筑	一五	分类方法	七五	书志学	五九〇
图书馆视察	八〇	出纳	三〇	国家书志	九〇
儿童图书馆	一五	分析标目	五〇	参考图书	一二〇
实习	三〇	购买登记	三五	图书选择	三八〇
第二年级		第二年级		第二年级	
图书馆管理	一四〇	目录	六〇	分科书志	二〇〇
图书馆管理	二五	分类	一〇〇	应用文	五〇
图书馆视察	八〇	标题	五〇	图书馆史	二五
实习	三五	书志学	六八〇	标题史	七五
图书馆事务	二一〇	图书选择	三三〇		

　　至于以一年学程而修毕图书馆学程者有威士康新（Wisconsin）图书馆学校。一学年分两学期，其课程如下：

第一学期		第二学期	
课　　　程	每周小时	课　　　程	每周小时
目录	五	参考图书	二
分类	三	分科书史	三
参考图书	二	图书选择	二
图书选择	二	儿童文学	一
儿童文学	一	图书馆管理	一
书店史	一	应用文	一
贷出	一	图书馆学	二
图书馆学	一	实习	二

　　图书馆学校之课程以学校之立场不同，性质亦异。与大学或图书馆连属之学校，往往学理深邃，而对于原理，哲学以及历史研

之有素,其主要之工作,则为分类,编目,选择书籍,参考工作。对于他项之工作,不免疏忽。有一共同的趋势,即对于实习时间,逐渐减少。惟对于研究方法,原理,组织,反见其多。

各校之重要课程有分类概论,编目方法,参考研究,图书馆经济学,及其他图书馆之方法及研究,此外关于图书馆建筑,图书馆行政,选书,书志,学校图书馆及儿童图书馆,以及政府公牍亦多列于图书馆学课程之中。各校以环境之不同,所注重者亦不同。

至于授课之时有用论文研究者,有作讲义演讲者,有注重笔记报告者,不一而足。惟以适合各地情形为目的。

图书馆学校之课程随时代而进步,更替,昔日之不甚注意者,今日则甚注意。昔日之所无者,今日则从事于研究。若图书馆立法,读书会,流通图书馆,巡回图书馆,医院图书馆,监狱图书馆,战地图书馆等,不胜枚举。至于军营之中则有军营图书馆,家庭之内则有家庭图书馆。以系统而言之,图书馆课程可以分为以下各类:

关于行政者:图书馆行政 图书馆建筑 图书馆立法 图书馆会计 购买书籍 儿童图书馆 学校图书馆 特别图书馆

关于专门者:编目 分类 提要 图书馆学 装订 校印

关于书志者:参考工作 图书馆史 印刷史 营业书目 国家书目 提要书目

关于评论者:选书估值 杂志

其他:现代问题 图书馆区视察 打字速记 参观图书馆 图书馆内实习

第二编　图书馆技术

图书馆学的训练,不惟注重知识,也注重技术。讲到技术,就同时要注重效率了。没有效率,不能称为技术。效率是时间上要经济,管理上要经济,工作上要经济。小的图书馆一位职员要管理许多样的事,各种的技术都要学的。大的图书馆虽然分部,但是一部分的事已经很忙,没有相当的技术就难以胜任了。

图书馆的技术有选购书籍,登记,出纳,打字制片,书写制片,索引,校对,保管,和装订的方法等等。习图书馆学的人至少应该都练习过,而且要纯熟,使用的时候就大感便利了。

图书馆用具　工欲善其事必先利其器,图书馆的技术也是如此。例如用笔,笔尖,墨水,亮油,颜色墨水等等,都须加以选择,要符合各人的应用。此外如去蛀虫所用药品,剪刀,修书所用机械也要设备。近代科学发明所用的电笔,及机械的运书的方法,虽则很少的图书馆试验过,但是在不久的将来,就要成为必需的东西。

馆内的设备　馆内的设备要依据各图书馆的大小和经费而定规。国立和省立的图书馆,其中的设备,布置等等很重要,但是规模较小的图书馆当然不能以此一律看待。普通图书馆内所有最要紧的设备有出纳台,书架,标签,短梯,扶书板,运书车,目录箱,杂志架,报纸架等等。

出纳台　出纳台为出纳图书的处所。设置于圆形阅览室中者多为圆形,设置于方形之阅览室中者多为方形或长方形,出纳台与书库有一近道通之,为来往取书之用。普通之出纳台高约二尺五寸,惟儿童阅览室所用者,不妨减矮。

书架　书架之构造自品质上言之,有铁架有木架。木架占地面较大,而容易损坏,不如铁架。铁架易锈,惟应常注意,有锈地方即以漆漆之。自所在之地位言之有壁上书架,有室中书架。小图书馆多用壁上书架以其省地位。惟书籍过多者墙壁有限,不得不用室中书架。以利用上言之室中书架检书较为便利。

标签　书架之上往往按分类排列必用标签方可一览即识,普通多以金属片为之,上衬云母石片,中标明类别。

短梯　为取书便利起见,短梯用以增高,而取高架上之书籍。有靠架式及独立式二种。独立式者最佳,可不影响于书架之重心位置。短梯之下备有轮盘来往行动甚便,且免声音。

扶书板　扶书板为防图书倾倒而设。其形有数种,以钢制者为佳。普通高五寸,广四寸七分。扶书板之底片如太厚,则妨碍于书之排列,不可不加以注意。

运书车　运书车为来往运书之用。如用滑车亦可上下运动。运书车下配有橡皮轮,可以推动自如,为编目室常用之物。

目录箱　目录箱之大小以容一卡片之广阔为准,中有穿尺,可以穿入各种卡片,使之不致散落。亦有单独成立者,亦有数十目录箱制成一整个者。如图书馆书籍众多,则此种卡片必增多。

杂志架　杂志和普通书籍不同,应制特别架收藏。高六尺六寸,深九寸或一尺,宽五尺,内分六列十格,共六十格,可容杂志六十种。各种文字杂志可以分架陈列。

报纸架　收藏报纸也有用报纸夹的。如用报纸架,阅览时比较便当,架上有一铁条以纳报纸中缝,则翻阅之时,甚为便利。

桌椅　阅览室之成人用桌高约二尺四五寸。或于桌下脚上附以螺旋,以便升降。桌宽约一尺八寸乃至二尺,长约六尺。桌上面为防音响及适于气候计,冬可以张绒毡,夏可用漆布。

儿童用桌，八岁至十岁者约高一尺六寸，宽一尺三寸，长约三尺六寸。十岁至十二岁儿童用者高一尺八寸，宽一尺四寸，长四尺。十二岁至十四岁用者，高一尺九寸，宽一尺五寸，长约四尺。

大本书阅览处　大本书或地图已汇订成册之报纸，年表，书画等用一长桌，其形桌面稍斜，长约六尺，高约二尺五寸，广约三尺至四尺，放置大本书籍，以便阅览。

第八章　选购书籍

概说　通常以为选择书籍,或购买图册为最容易的事件。实则图书馆事务中最感繁杂,而难以决定者,即在选购书籍一事。选购问题,关系于图书馆之需要如何,目录之准备如何,所有各类书籍的比例,也要同时顾及。购买何种书籍,足以平衡比例,也要加以思考。至于审定书籍之时,其版期,其版次,其版本之式样,材料之内容,均须一一研究之。有时出高价以求购得善书,但是结果每每不能令人满意。

合宜二字为图书馆之管理所应该注意者,但如何能达到合宜二字,颇有研究之余地。

在选购之前必须编制购买书籍的目录,加以研究,是否属于本馆的需要,如此地为工业区,则工业书籍或为工人闲暇的读物,应即加以研究调查。如为学校图书馆,则学生之程度如何,学校之性质如何,不可不加以研究,而对于民众之心理,个人之嗜好亦必作以精密之调查,而求得其结果,如此预备选择书籍必投所好。选购书籍,同时也须顾及经费之支配,应用书籍可分期配置,则条理可分。

平衡书量　在选择书籍之时,如采取杜威分类法,则各类书籍的分量不可不作一预先之研究。专门图书馆所偏重为何则可增加其所偏重书籍之分量。至于普通图书馆以分配均匀为善。

下列各家选择的书量表,可供参考:

类　别	Brown %	Walker %	Williams %	Dana %
总　　类	3	2	3	4
哲　　学	4	1.9	3	1
宗　　教	5	3.2	6	2
社会学	7	5.5	6	9
语言学	4	1.2	2	1
科　　学	9	5.5	8	8
应用技术	9	5.7	9	6
美　　术	7	7.6	7	4
文　　学	28	14.2	35	12
小　　说	——	34	——	20
史　　地	8	19.2	21	10

前三者属于英国的图书馆,后一者属于美国的图书馆。勃郎氏之数目乃选自勃氏之 Manual。华克氏之数目选自 Primer of Librarianship,威廉氏选自 Courses of Study in Library Science,丹纳氏选自 Library Primer。在此表中各人的书量平衡不同,因为各地的供应和需要不同。

选择书籍也要顾到地方的不同,不可一概而论,譬如中国的图书馆有中国人的需要,不能用外国的成例来比拟。拿作参考,当然是可以的。如果是一个国立的图书馆或者是省立图书馆当然需要不同了,图书馆不单有地方的关系,也有地位的关系,地位高的选择的书专门的古僻的都要选到。

论到书量的平衡也有时代的关系,十八世纪的人所习读的书,哲学和宗教已为现在的人供陈列的了。十九世纪初叶的人所读的书与十九世纪后叶所读的书不同了。科学书籍和应用技术书籍的产生大多在十九世纪的末期和二十世纪的初期。即就今日而论,十九世纪的科学书籍已不为现代一般人士所注重,虽然科学萌芽在那时期之内。

选择书籍论到有历史价值的书籍或图片颇为难得，只有世界上几个著名的图书馆或资本雄厚的图书馆能有这种计划。敦煌石室所发见的书籍，抄写本的唐人写经已经很可以宝贵的。大部分的书是入于法国的国家图书馆。安阳所发现的甲骨文字，大部分流传到各地，这些都是没有复本的。

选择书籍的时候，虽然有雄厚的资本，但有时也不能尽如人意的，要买甚么书就买甚么书，尤其是对于古本。所以一个伟大的图书馆的设立是要需要历史的。历史久远的图书馆，搜集的能力比较的大些机会也优越。

论到普通的图书馆只注重现行的版本的，到没有多少困难。他的利用只能供给普通一般人的阅览。

参考书目 书目的书，虽曾有出版，但是可以供给图书馆的利用的，不见得尽如人意。现在已经出版的书目可供参考的，有以下各种：

Esdaile：Manual of Bibliography.

Brunet：Manual du Libraire.

British Museum：Catalogue of Printed Books，1881—1905.

Minto：Classified and Arnoted Guide to the Principal Works of Reference，and Supplement.

Mudge：Guide to Reference Books.

Sonnenscheins：Readers´Guide.

Sonnenschein：Best Books.

British Museum：Subject Indexes of the Modern Works added to the Library.

London Library：Subject Catalogue.

Councils of the Societies for the Promotion of Hellenic and Roman Studies：The Claim of Antiquity.

Brury：Book Selection.

在研究书目之时,尤必分别何为初等,中等或高等较深之书籍,购书之时亦可藉此以为凭依。

图书馆管理员亦需研究新书,而时时检查其图书馆内所有新书的数量,而作一比较的研究。杂志之中亦有载新书出版之名者,然多繁杂无用。报纸广告又多炫耀于一时。选择书籍之时须加以审慎。关于供给新书材料者,下列刊物可供参考。

The Times Literary Supplement.

Manchester Guardian.

The Library Association Record.

Library Review.

Library World.

Librarian.

Book Man.

London Mercury.

关于专门之书,科学界之书及特别之书亦有数种刊物,可供参考。

English History Review.

Nature.

Church Quarterly Review.

Electrician.

Architect.

Book Review Digest.

惟 Publisher and Bookseller 以及 Publishers′ Circular 为英国的新书刊物杂志,载有多种书籍。关于选择书籍之时,参考较为便利者有 Whitaker′s Cumulated Book List 而 English Catalogue 之供献亦大。Cumulative Book Index 及 Publishers' Weekly 乃必需而不可缺少者。法国有 Bibliographie de la France 以及 Catalogue Mensuel de la Libraire Francaise,此种书目所有的供献为著者姓名,书目,价

值,出版者,出版日期及出版期,惟 English Catalogue 一书,其所含之书目选自一八三五年以后者,可谓博罗甚巨。

中国书籍 中国书籍杂志或目录可供目录及选购者之用者,殊不多见。而对于供给著者姓名,书名,版期,价值,在何处购买,殊少注入,故检查时,每感困难,故欲买中国书籍颇为一大学问。

中国古籍 中国古籍范围最广,自中国有书册以来,迄于清末,所有木刻本书籍尽属之。中国书目有探讨图书内容与考订版本二种。关于探讨图书内容者有以下各书:

《崇文总目》 宋王尧臣等奉敕撰,旧本佚,《四库》辑《永乐大典》本十二卷。

《崇文总目辑释》 五卷,补遗一卷,清钱东垣辑。

《郡斋读书志》 宋晁公武撰,光绪十年,长沙王氏刊本。

《文献通考经籍考》 七十六卷,元马端临撰,浙江书局刊本。

《四库全书总目提要》 清纪昀等奉敕编。

《四库全书未收书目提要》又名《研经室外集》。

《经义考》 三百卷,清朱彝尊撰。

《抱经楼藏书志》 六十四卷,清沈德寿撰,民十四铅印本。

《重考古今伪书考》 三卷,清姚际恒著,顾实重考。

《书目举要》 周贞亮李之鼎同编。

《通志校雠略》 宋郑樵撰。

《中国雕版源流考》 留庵编,民十五上海商务本。

《八史经籍志》

书目之书甚多,即各家之撰述见地亦各不同,惟个人之能力有限,欲尽毕生之力以阅览群书,犹不能逮,故治目录之学可以窥其门径。关于考订版本者有以下各种书目。

《天禄琳琅书目前编》 十卷,清于敏中等奉敕编。乾隆四十年成书,光绪甲申长沙王氏刊本。

《天禄琳琅书目后编》 二十卷,清彭元瑞等编,光绪甲申长沙王氏刻本。

《读书敏求记校证》 清钱曾撰,清管庭芳原辑,章钰补校。

《爱日精庐藏书志》 清张金吾编,三十六卷,《续志》四卷,道光丁亥家刊本。

《四库简明书目标注》二十卷,清邵懿辰撰。

《邵亭知见传书书目》 十六卷,清莫友芝撰。

《铁琴铜剑楼书目》 二十四卷,清瞿镛撰。

《皕宋楼藏书志》 百二十卷,《续志》四卷,清陆心源撰。

《善本书室藏书志》 四十卷,清丁丙撰,光绪辛丑钱塘丁氏家藏刊本。

《艺风堂藏书记》 八卷,缪荃孙撰,光绪辛丑家刊本。

《经籍访古志》 六卷,《补遗》二卷,日本全善森三立同编。

《八千楼书目》 二十卷,丁仁辑。

《汇刻书目》 二十卷,清顾修编,朱学勤增补。

《增订丛书举要》 八十卷,杨守敬原辑,民四南昌宜秋馆印本。

《丛书书目汇编》 四册,沈乾一编,民十七,上海医学书局铅印本。

中国书籍自三皇五帝以来,书籍日益增加。三皇五帝之时有《三坟》《五典》《八索》《九丘》。名称虽如是之美,但是否可以称为书籍大可研究。惟无论如何三皇五帝之时有记载事件之方法,或结绳,或用楔形文字,或用图画,或用刻石。至于周代则有六典八法八则九职九正九事邦中之版土地之图籍等等。中国之书虽有如此悠久之历史,然其数目并不算多,兹将历代所搜集之书列表如下:

时　　　期	卷　　　数	时　　　期	卷　　　数
刘歆七略	三三九〇〇	梁元帝时	七〇〇〇〇
汉书艺文志	一三二六九	周武帝时	八〇〇〇
荀勖新簿	二九九四五	隋书经籍志四部	一四四六六部 八九六六六卷
宋谢灵运四部目录	六四五八二	唐开元四库两京各	六二九六〇
宋王俭目录	一五七〇四	宋史艺文志	一一九九七二
南齐 王亮 谢朏 四部书目	一八〇一〇	明永乐大典	二二九二七
梁任昉祖暅五部目录	二三一〇六	清四库	一六八〇〇〇

由上表观之，则中国之书增加并不见速，而历代帝王均可挟其传统政策，不适于本朝或本代制度之书尽皆弃去，故其结果所有册籍关于艺术科学者少，而关于经典考据之学则甚多。虽事实如此，而历代国家政策有以致之。

中国之书由客观研究之，并不见其多，惟缺乏整理，乃实在的现象。中国过去之丛书亦曾有甚多之著述。惟此种芜杂太甚，且大多集古人之所有，不肯更张，自为创作，故检查之时极为不便，而材料之重复，累见不鲜。

今日图书馆事业发达，欧美各国最大图书馆所藏书籍大多四百万册以上。以我国所有之旧书比较之深觉相差太远。即中国最大之图书馆亦不过藏书数十万册。

至于普通之书目可供参考者有：

《四库全书总目提要》。

《书目问答》　张之洞著。

《佛学用书提要》　丁福保著。

《书目长编》　张怀璋等撰。

选购方法　选择书籍之后即可誊清，抄列书单，以作个别研

究,何者应添,何者应去,因经费之限制,当然去芜留精。书单既定之后,则可送委员会审查。审查时有下列各项:

一、拟即购买者。

二、拟减价购买者。

三、不讨论者。

四、不购买者。

审查既定之后即可发单订书。对于图书馆之购书,普通多有特别折扣。订书的方法不同,有托代购者,有由图书服务社代订者,有按月记帐结帐者,有用邮局押汇者,有直接购买者。邮局押汇,书少尚好,惟书一多,价值因之益大,汇费较巨。

审定书籍 审定书籍方法甚多,惟求其便利者,当以列表求之为速。审定书籍时所应注意事件有以下各项:

一、著者之学识。　　　　四、书籍之内容。

二、材料之来源。　　　　五、印版之情况。

三、著者之体材。　　　　六、引用之书目。

图书馆之较大者,另有专人研究此等问题,故时间从容,且可以锻炼成为见书即晓内容大概之经验。

介绍书籍 读者对于图书馆发生兴趣时,甚愿乐闻图书馆之进步。故读者介绍书籍实为沟通感情之良好方法。对于介绍书册之时可写一表送交采访部。表内注明书名著者,译者,出版处,何时出版,有否再版,内容如何,自己阅过否,定价,折扣,备注,介绍人各项。采访部接到此项介绍书之后,即可列入书目,以供研究。并可藉此以测知读者的心理及其嗜好,下次读者发现此书,则爱图书馆之心,油然而生。

第九章　登　　记

购买书籍之后,即可运之馆内,验收,举行登记。普通初步登记可分二种。一为总登记,一为卡片式登记。总登记用登记簿。簿内印有日期,号码,著者,书名,出版人,出版地,版式,版期,版次,页数,装订,来源,价值,分类号码,卷数,备考等项。卡片登记以卡片为之,亦载关于前列各种事件。通常比较便利者,以卡片式登记为最佳。至若易于保管或不致遗散,则以总登记为佳。

杂志登记片之所注意者,为杂志之名称,编辑处,出版处,订购时期,自某年月日起至某年月日止,创刊之年月,停刊之年月,年刊抑周刊,每卷期数,每年几卷,大约页数若干,属何性质,有否索引目次,定价几何,实价几何,均须注入。

杂志到馆即行登记,如过期限,尚未到来,可致函补寄。因定期刊物一项,旷时既久,补得颇不易。有时出版者误寄重本,亦当记出。按例应退回原处。杂志一经收到完全一卷之时,即可装订成册,以便保管。

新闻纸之登记,须写明名称,份数,满期日期,出版处,订购处,发票日期,价目等项,逐日填写,遇有缺号,即行补入。新闻纸亦可汇订成册。

图书馆之书法　图书馆之书法以其应用之不同,而稍有区别。兹举其最要者如下:

一、记载　记载登录之事,绝对不容有误,不然者将使阅者感到无穷之困难。中文字可用正楷或用中文打字机,西文者可用西文打字机,惟须墨色分明,一目了然。

二、标记　标记可写宋体字,或汉隶长宋体字,因此等字体颇有美术意义。

三、题签　中国书籍多用封套,封套之外可用题签,题签可用汉隶,因其古朴美观。

四、卡片　中文卡片可用宋体字,西文则用打字机。近杜定友先生创图书馆书法,其要意有云:

"以整齐清楚,笔划均匀,勿尖锐,勿折角,无顿挫,无粗细,顺笔而书,不假修饰,大小划一,形状正确,修广合度,疏密得宜,务使人人易学,便于书写,庶目录卡片,永久齐一,不致因抄缮人员之更调而受其影响。"

中文书法普通原则以遵照下列各件为佳:

一、清楚。　　二、简单。　　三、清洁。　　四、正确。

至于西文书法则须遵照标准字体,笔划之粗细,各字完全一律。字体上之加花,一律免除。大写与小写均须显示清楚。在练习之时,初步可用机械,渐脱用机械而运笔自如。

登记用卡　登记的方法有两种,也有用卡片登记的,也有用簿册登记的。比较起来用卡片登记最为便利。下图是登记片的写法。

在卡片的正面要写明登记号码,订购号码,定期,到期,实价,页数,赠存,签认,备注等等项目。在小的图书馆里有几步是省掉的。至于对于书的登记要注明著者,书名,版次,发行所,版期,册数,装订,定价,备注等等。

图书馆购订及登记卡
LIBRARY ORDER AND ACCESSION CARD

填 写 方 法

1. 请缮写清楚，字句完全，以免误会。

2. 每书请用一卡。

3. 版次之后，请写明该书系第几版。

4. 不甚著名之发行所请填写详细地址。

5. 册数后写明该书共有几册，备注内写明该书应购几部。

6. 该书之需要购订之特别原因，即须从速购办否，

　书到后须通知原介绍人否，合请注明于备注栏。

c. p. c. 1

左侧栏	右侧栏
登记_____ ACC. NO.	著者_____ AUTHOR (SURNAME FRIST)
订购_____ REO. NO.	
定期_____ CRDERED	书名_____ TITLE
到期_____ REC. D	_____
实价_____ COST	版次_____发行所_____ EDITION　　　PUBLISHER
页数_____ PAGES	版期_____册数_____装订_____定价 DATE　　VOLS　　BDG　　PRICE
赠存_____ DONER	备注_____ REMARKS
签认_____ APPROVED	RECOMMENDED BY
备注_____ REMARKS	_____介绍

在边请勿填写 PLEASE DON'T WRITE AT THE LEFT

58

年 YEAR	卷数 VOL.	一月 JAN	二月 FEB	三月 MAR	四月 APR	五月 MAY	六月 JUNE	七月 JULY	八月 AUG	九月 SEPT	十月 OCT	十一月 NOV	十二月 DEC	备注 REMARKS

编辑处 出版处

C. P. C. 4B

年	购订机关	起				讫				备 注
		月	日	期	数	月	日	期	数	

创刊 年月	刊 期	每年 卷数	杂志 名页	定 价
停刊 年月	册 数	每卷 始期	目次 索引	实 价

名称 Name																			几份 No. Copies					满期 Expires						
	1	2	3	4	5	6	7	8	9	10	11	12	13	14	15	16	17	18	19	20	21	22	23	24	25	26	27	28	29	30	31
Jan. 一月																															
Feb. 二月																															
Mar. 三月																															
Apr. 四月																															
May 五月																															
June 六月																															
July 七月																															
Aug. 八月																															
Sept. 九月																															
Oct. 十月																															
Nov. 十一月																															
Dec. 十二月																															

出版处 Publisher		订购处 Ordered of	
发票日期 Bill Dated	价目 Price	备注 Remarks	C. P. C. 4B

至于杂志和新闻纸可用杂志和新闻纸的登记卡片。杂志收到即行登记,日日新闻是要每天登记的。

杂志登记的背页要注明杂志订购的起讫年月,假如有遗失或没有寄到,立时可以查出,向出版者索取。

报纸登记每种用卡一张,依期收到画一记号,可用一年。

抄写卡片方法

一、书名:

甲、书名有用小字分行写者一律抄写一行。

乙、书名有用冠词者,一律写于书名之后。

例如:汉译,新撰,新著,新纂,订正,详注,注音,注解,标点,标准,审定,再版,大字,增广,增订,绣像,影印,英汉双解,适用,高中适用,英文本……等。

二、著者：

甲、凡著者前有籍贯字号，或官衔者，只抄姓名。

乙、凡著者前有朝代，或国籍者，只书其名，将国籍朝代加括弓附于其后。

丙、译者原名抄写时，姓在前名在后。

丁、二人合著之书取第一人姓名。

三、出版处：

常见之出版家抄写简名，例如世界，商务，中华，开明等。不常见之出版家应写全名。

四、版本：

版本可依其说明注明影印，珂罗板，彩印等。

五、册数：

上下册可作二册，上中下册可作三册。

检字及字典目录 图书馆的目录是用卡片制成的，一本书用三张卡片。一是目录片，一是书名片，一是著者片。各种目录卡片是照字排列。在进图书馆的时候，在借书处附近，最先看见的是目录箱。这些箱子，是用许多小抽屉并成的。抽屉之外有一块铜片，镶着一张标纸。标明"木""口"等字。这就是说这个箱内是属于木部或口部的字了。

字典目录就是将书名目录与著者目录合起来依字典的方式排列，为的是检查便利。

第十章　出纳方法

图书编定目录之后,排在书架上供人阅览。阅书手续先于入馆时取阅书券,然后到目录箱检阅目录,把所要阅的书名符号记入,交给出纳的管理员,取出书箱阅览。阅毕之后交还图书馆出纳员。

阅览券有两种:一是一张券只能阅书一种,一是一张券可以阅览一种以上者。

阅览指导　阅览指导是图书馆重要职务之一,关于目录的使用方法,读书的方法及参考书的使用方法均可加以说明。所谓参考书的使用法是指一般人所用的参考书,如辞典,字典,百科全书,人名地名辞典等等,通常排列在阅览室周围书架上,任人自由使用。

图书馆新到的书籍,可以用揭示或广告的方法,至于读书的方法也可以使用揭示的方法,供人采用。

阅览室因为有多数人聚于一室应有监视的人员,维持阅览室的秩序,防止读者剪裁或污损书籍。阅览室应当肃静,第一戒偶语,第二戒咳嗽,第三戒无故游行,扰乱秩序。

借书　图书馆内,虽然阅书方面,但阅览室的容积有限制,同时又有许多人不能在图书馆规定的时间前来阅读,不如在外的自由。图书馆为谋个人的便利起见,所以有借书出馆的制度。

借书的人有普通的读者,有其他的图书馆,有外国的图书馆。

借书人的对象不同借书的办法也就不同了。普通的借书人除了特别关系之外,如学校的学生应有保人,或预存费在图书馆内,方可借书。其他图书馆或国外图书馆互借书籍,大多定有借书合同。

借书的时候因为口头说话不能清楚而且费时,不如用取书条为佳。书码和著者书名都可以写得明白了。

取　书　条		
书码 CALL NO. _____ _____	册数 VOLUME	日期 DATE _____
著者 AUTHOR _____ 书名 TITLE _____		
借书人 BORROWER _____	借书证号数 NO _____	
C. P. C. 25C	阅览者须将上列各项填明	

借书信袋

每本书的后面贴一信袋,如右图:

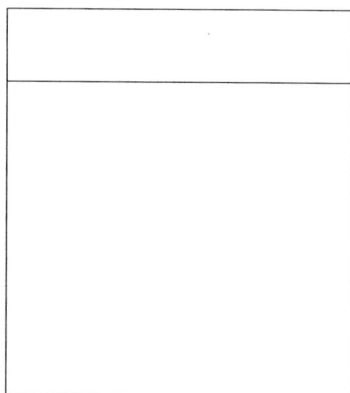

63

No. _____ 姓名_____			
借　书　券			
年　　月　　日　　截止			
C. P. C. 21A			

徐蓬轩

孙中山生活

姓　　名	还　期	姓　名	还　　期

　　袋内装一卡片为借书券。

　　此种借书不限本数不限期限。书籍借出后,卡片依分类号码排列以便检查。还书时,依类检出书卡,划销借者日期,还插书袋之内。

　　如限本数而不限日期之借书,其法如下:

　　借书券平时由阅者保存,每券限借书一册。借书时将书码和应还日期写上。书籍借出后,借书券由图书馆保存,依书之类别排列。还书时依书码检出借书券,注销后,交还借书人。

　　限日期而不限本数者,在书之末页贴有期限表。信袋中的书卡应把姓名和应还的日期写在上面。借书之后,书卡片应依还日

64

期排列。同日期的书,依分类排列。

期　　限　　表 DATE DUE			

第十一章　打　　字

打字机的发明　英人亨利密尔（Henry Mill）于一七一四年首先发明打字机。亨利密尔的发明称为人工印字机。无论单独字母，或者连结数字都可运用，并不像一般印刷机器的呆滞。一七八四年又有发明，已大改良。美国之有打字机始于一八二九年，为韦廉奥斯汀，卜尔特氏所创造。美国专利局曾发给专利特许证，但是在一八三六年时毁于火，已不能得其原形。

法人洛普仁于一八三三年创造打字机，很像近代的打字机。一八四三年美国查利忒贝尔氏添加各种辊子，其法沿用至今。其后英，法，意人利发明打字机的专家陆续出现。

一八五〇年时，欧，美人士之致力于打字机者日多一日，其彰明较著者为毕池傅朗新二氏。毕氏的打字机，很像近代的打字机，但仅适用于纸条。况且字迹突起，可以手指扪得，对于盲人运用，非常便利。傅氏机的特点在铅字的排列，形如圆穹，机键构造如同钢琴，较诸普通机器，已大有进步。

应用的范围　一八七六年打字机的应用，始行普及。自一七一四年以后的五十年间，可称为演化的时期。对于打字机供献最有力的三个人：威斯康新省密尔奥凯有居民沙尔斯，葛利敦，苏来三人，合制打字机颇为适用。未久苏氏退休。沙氏继续努力，五年之间制作模型三十件。第一件成于一八二八年，已经获得专利证。不过仅具原理，未能实用。第二件设计精密，特许专利证颁于同年

66

七月四日。嗣后多方改进。至一八七三年始与纽约瑞明敦父子公司签定合同发展沙尔斯,葛利敦氏打字机,翌年风行于世。不久即改为瑞明敦,直迄今日,瑞明敦打字机行销于世界各处。那时瑞明敦的辊子的构造,行格的更换,转轴的旋回,字键的排列,与今日的普通式瑞明敦打字机无大出入。惟无移动键的设置,一律皆用大楷。至一八七八年始将移动键的问题解决。

现今通行于世的打字机很多。有瑞明敦,安得渥,Royal British Empire,Cornea 等等。有普通的打字机也有手提的打字机。此外也有打字机的印刷机,或复式电气打字机,排版用打字机。打字机的应用日见其广。至于德国法国及英国都有他们的打字机,因为英文在商业上的用途广了,所以英文打字机比较的更畅销些。

打字机的打法是人人可以学习的,不过在年青的时候学习比较的快些,成功也比较的速些,打字的速度也要高些。

打字练习 打字的课程与普通的课程不同,需要指导和说明,如果有了很好的指导书也可以成功。

打字机不必需时,不必干涉或随便戏弄机器的各部分。学者如能知上油的方法及上色带,下色带的方法已足。对于上油一点,学打字的人往往疏忽,所以修理打字机的部分,大半耗费于此。

开始学习打字之时,下列各点应即注意:

一、坐位端正,双足放稳,背部直立。

二、机器之地位,超出于桌边约二寸。

三、各指均就位,入于键上。

四、肘及手腕位置适宜。

五、将纸放入。

六、活动松转轴。

七、开始利用机键打字。

普通打字练习多先练习食指,而后及于小指,惟自然之手指练习,应以小指在先。在击打之时应用手指尖,不必全肘动作。初学者每击字键,辄运用肘腕之力,应即予以纠正。

在打字练习之时,字之认识并不重要。普通打字速度以每分

67

钟若干字计之,实则字有长短,自一字母以至数十字母不等。美国打字比赛于一九二四年定一标准字,为五字母,或五空位。所以打字上所说的字与普通所说的字不同。一九三〇年 Typist´s Section of the Incorporated Phonographic Society(England)便正式的承认了。

坐位及姿势 坐位宜舒适,高低合度,两肘齐桌,两下臂与字键字盘之斜度成平行线。脊背直立,务使肺部舒展,呼吸自由,工作持久,不感困难。

两手放于键盘上时,小指在"a"上,其余一小指在"Q"上,余指各悬于毗邻之字母上。二目注视稿本,不可看键。诸字之位置,须完全记于心内。手指宜坚决而敏快,用力轻重,务使均匀。一经打完,即须抬手。指尖下落成直线,手指抬动,不可过高。即击键或击空格杠之时,手之位置,不得变动。

应用打字机之方法 应用打字机时认清一定之方法及手续,习之既久,即能熟中生巧。各部之运用皆可灵活。

一、上纸 须使纸之左端紧贴纸导子下端放于辊子及纸床之间,同时向上转动辊子钮,则纸被卷于辊上,而达于前方。

二、正纸 纸在辊上,什九倾斜。正之方法,必有赖于松纸机,一经按捺,纸即得以自由抽动,或以其上下两端为准则,或以辊子尺为准则,比齐之后,将松纸机抬起,使复常态。

三、压纸 苟无夹纸器则纸在辊子前,毫无凭依,势必向前倾倒。妨碍工作之进行。夹纸器连在辊子上之铁梁上,可左右移动,推时务须握紧,使贴梁上,至所要之地点,搬之向下,压于纸上。

四、左边加字 两边既定,如欲在左边加字,除挪动两边制子外,可按松边机,一面轻推转轴至相当地点。

五、右边加字 一行终了,仍须二三字之空格,始克成字,可按展边机,则有四字之空格,再按之仍可多打四字。

六、换行 换行机,每翻一次,辊子向上越过一行,当一行告终,向右扯之,则轴转回至右端,同时亦另起一行。至于行与行之间,距离稀密,可用定行机规定之,如每空一行,双行或三行。

七、空格 字与字之间,例有一空格。故每字之后,须拍击空格杠一次,又计算距离时,亦多用空格杠。

八、改正错误 先将转轴移至左方或右方,则橡皮渣,纸屑不得落于机内。如用复写纸者,须用辊子钮将纸卷起三四行之高,再将夹纸器搬起,擦改之法有二:(一)自副张起,如共有三张,先擦第三张,擦毕以白纸垫擦处,再擦第二张,仍垫以纸,最后擦正张。(二)自正张起,次第二张,再次第三张,此法可不必垫纸,故较为便利。

九、大楷之打法 打大楷时须按移动键或左或右,各适其便。打竟即须抬手,恢复原状。倘一字或一行皆需大楷者,可按移动锁,再按左边移动键,则移动锁失其效用。

十、逆行机 打过之字,如不清楚,如欲再打一下,或在其他情形之下,欲使既往者退回,可按逆行机,每按一次,则转轴向左退回一字之空格。

十一、缩行打法 表格文件,惯用缩行。若用空格杠,一字一拍,殊不便当,表格机专司缩行,应用上十分便利,一按则照指定之地位移动。制定之法,根据前尺视指针指定之方,然后将表格制子摆于表格架上,其度数距离必与前尺合。

十二、题目的集中 前尺度数,列有两排,上白下红,为用甚广。集中题目,可先将指针定在最前之点,或尺上之零度,同时按题目字数与空格,拍击空格杠若干次,视停在红尺之度数,再将指针移放于白尺同一之度数。由此间开始,则题目之位置,适在中央。

十三、信封打法 信封,卡片为物甚小,若用夹纸器压之,则如牛刀割鸡,以用信封导子为便。

十四、蜡纸打法 打蜡纸不必用带子,须将变带机指向空白处,使字键直接落于蜡纸之上,然字键面必须扫刷干净,致无半点模糊,打毕,即将变带机搬回原处。

十五、换色带　先用转带钮将旧带子绕在右边纼子　Ribbon Pool 之上,将转轴推在中央,移动锁按下,从带子槽内,将纼子取出,再从右边纼子上将带解下,然后将新带系上,并绕于纼上,放在左边槽内,如用两色带子,可使常用之色在上。

第十二章　索　　引

　　索引又名引得,为检查便利而设,即引而得之之意。西文为Index,有同样之意义。在习用字母之国如英、美、法、德所用索引概用字母排列,检查非常便利。惟我国之文字形状不一,排列方法有别,检查之时,稍费时间。

　　索引之排列有用字母排列者,有用号码排列者,有用笔划部位排列者,然索引与排列毕竟分为二事,不可同时并论,索引乃为方法,排列乃为工具。

　　索引之要件　索引之要件,以出于自然者为佳,不必勉强;勉强则检查不便。索引之使用贵在直接。如用间接方法,则不免费时。索引之全部排列需一致,勿此部而用此制;彼处而用彼制。始终一贯,不假他种方法。不仅止注意第一字,亦须注意第二第三各字。

　　索引方法乃为先行分析,然后综合之工作。无论以书籍,杂志,或日报为单位,内容实为第一,利用内容而为索引,材料本质清楚之后,索引自立。一册书籍而无索引,逊色不少。如一册书而有良好之索引,利用上可以增其价值。西洋各国书籍有书籍之索引,杂志之索引,日报之索引。对于研究学术供献甚大。

　　索引之种类　索引以其应用不同可以分为数类。书册之后有附录,有索引,地图有地图索引,历史有历史索引,至于古典或重要经文则有串珠索引,以互相沟通各句经文或词章之关系。

以其性质而言之,索引有以名辞为主者,有以事件为主者,有以人名地名年代为主者,亦有以用字为主者。以用字为主者之索引,其材料多而且长。故索引之做法,当以预定之计划为准。例如日报索引一项,有篇名索引,分类索引,著者索引,聚各种标题于一处,而以字典式排列之,则可以成全部之索引。

地名索引 地图及重要书籍之后往往有地名索引,在每一地名之下注明方位,或以甲乙丙丁干支代之,而横格用 12345 数目字以支配其所在的区域。每字地位约一方吋,便于检查。西文地名则用字母,按次排列。

在排列之时需以一国之文字为准则。例如用英文者须完全用英文。或于英文之下,加注他国文字。

地图之内亦有加以纸制之尺者,按其上下量之,即得其地位,欧洲旅行书籍所有地图,用此法者甚多,诚便利无比者。地名索引有用合订本者,有用分订本者,为检查便利起见,自以合订本为佳。

附录索引 在通常贵重书籍之内,往往于正文之后备有索引,注明其标题,页数,互相参见之处,以之检查,便利无比,书籍索引亦有分订本及合订本二种。书籍索引之单独成立者称直称索引,如《十三经索引》。

索引之工作在中国正在开始,行见甚多之书籍将一律采用索引,因其经济时间,节省费用。

日报杂志索引 近日中国出版之刊物甚多,可以制作索引。中山文化教育馆有鉴于此,出版期刊索引及日报索引二种。其期刊索引采用题目,著者及标题三种,而用字典式排列。所出日报索引以十种报纸为经,依自然,社会,政治,国际,经济,法律,交通,教育,学术,军事等为纬而制作索引。日报索引分为二部:一为分类索引,一为著者索引。

制作索引注意事项 制作索引注意事项为索引之体裁,索引之方法,及其应用之便利各项。下列各项为普通注意之点:

一、书之内容　在制作索引之时，阅读者须胸有成竹，则所见要件随即摘下，何者为轻，何者为重，一见即知。例如中国文学，关于历代有名之作家，作品，文学上之变迁，改革等，均宜注意。如关于教育书籍，则一切之制度，方法，学校教育，社会教育，教育思潮，教育哲学，亦必一一索引。如关哲学则哲学之名词，界说，概念，派别，思想，亦皆为重要之材料，至于报纸则世界之大事，科学，艺术，闻人等亦必须同时注意者。

二、客观立场　制作引得之时，须以客观立场，处处为读者设身处地。读者之兴趣如何？理解如何？见地如何？如引用索引，则其所用之方法如何？何者最为便利？普通书籍应研究一般之心理状况。儿童用书应研究儿童之心理现状。至如专门书籍如何做法，亦不可不预先设计。

三、选择标题　实行索引之初步工作即为选择标题，标题亦可用颜色墨水志之。标题宜具体，勿空泛，例如花之与玫瑰。花之范围太广，不若玫瑰之亲切。关于习用之句法及说法均宜列入。因索引求为大众所利用。

四、措辞简单　所选字句，不宜太大，不宜割裂，其下注明出处，章页数目，又于制作索引者，深知简单之重要，省时省力，易于检索。

五、互相参见　互相参见有相对参见及反对参见。相对参见，参见同样之事物。例如神仙故事参见神话。又如植物学参见生物学。反对参见，参见者处于反对之地位，如离婚见结婚。

六、划定区格　有书之面积甚大，虽经指定某页，然检查之时仍不方便，于是将每页划为四区，六区或八区，而以 ABCD 甲乙丙丁代之，则于索引页数下注明甲乙丙丁等字。地图及巨册辞典往往应用此法。

七、集合整理　制作索引自以卡片为佳。经排定后，遇有同性质者，或移于一张，或另作符号，或作参见符号。每张整录卡片之上,可以发见甚多之参考材料,检阅之时,即可注意有否笔误。

第十三章　校　　对

印书或印目录,编目录的时候,校对是很重要的,没有很好的校对,一切的书将无头绪,而其结果必致糊涂。校对的目的就是要检出错误之点,普通校对的时候有几点要注意的:

一、细心校对　校对之时一字一字过去,因普通观察,眼之视字已为一行,欲改其习惯,而为一字一字校对,颇不容易。故初校对者必感困难。久而久之自成习惯。又校对者须细心以求错的心理施于工作。因其目的即在搜出错点。

二、科学态度　眼睛久视之后必感疲乏,或一仰视以资休息。在初事校对之人,字句之间,意义尚可明了,如校对既久,只以原稿为凭,书中意义,不复可以明了,因所看者为字而无句。

三、注重格式　无论何种书籍,均有一定之格式或版式。其书心,天头,地角均有分寸,稍有不对,即行改正。又本式之大小,字数之多少,在未排之前,应即计算清楚,以免临时更动。关于校对之时有各种引用之符号便于认识,排字之人一见其形,即明其意。

中国校对符号　校对虽曰对准原稿校出错误,似觉颇易,然内容复杂,非有经验者,不知校对之困难。近因校雠记号,人人各殊,每使手民发生误会,反致改错,是校雠记号非统一不可。再出版书籍,须求美观,而使读者醒目,则非使章节分明,条例清楚不可。是校对须求格式之统一。且用字方面俗体正体,人皆互用,致前后不一致,校者无所遵从。今者又当新旧交替时期,性别字之用法,各人不同,发生困难。故用字方面当求统一。同时亦应求著者,审者,校订者,各方面之协力合作,方能收其成效。

一、前空几行用∨ 凡书篇章之前,常空一行或二行,批格式者每用文字批明,是为最妥当之办法。然为节省时间计,可用此号,如须空一行,则用一个∨,二行则用二个∨∨,余可类推。

二、上低几格用∠ 凡每书起首一行,或每段起首一行,常须低一格或二格者,习用此号,即低一格,用一个∠,低二格用二个∠∠,此号习用已久。

三、降下几格用⌐ 即须低一格,用此号,如再须降低二格三格者,可将此号放长如⊏⊐。

四、拉下几格用⊥ 即在行末下,须再拉下几格用此号,意义与第三同,惟用法则异,即降下号用于行首,拉下号用于行末。

五、提上几格用⊤ 即在行首须提高几格用此号。不论提高几格,只须在当提高的格位上划一横线,然后再用直线引至文字之首。

六、推上几格用⊔ 即在行末须推上几格用此号,意义与第五条同,惟用法不同。

七、加上几字用〕 即将应加字画入,然后用此号将应加入的文字引至应加入的处所。

八、删去几字用ℰ 即将应删之文字,用圈涂去,然后引出线条用此号。

九、移右几许用⊣ 如文字所排地位不当,应移右几许,即用此号。

十、移左几行用⊢

十一、改正倒字横字用ℒ 改正倒字横字的用号颇不一致,用ℰ者亦有之,用∠者亦有之,用×者亦有之。

十二、接排用⟶ 凡文意连接而误排空格,或分段者,当使

76

之接排用此号。

　　十三、空一格用 <

　　十四、离开些用 #

　　十五、上下左右移置用 S

　　十六、分断线段用 ⊥⌐　　如二个专名词在一起,而专名号只有一条,须使其分断,即用此号。

　　十七、另行用 ⌐⌐　　如文意不连,须另行起者,或误排者,更改之时用此号。

　　西文校对符号　　西文校对符号,各国习惯略有不同,兹将英文常用之校对符号列之如下。各印刷公司亦间有其单独之符号。其所以如此者免训练之工人技术既成之后,改至他处服务。

- Insert hyphen.
- Insert one-em dash.
- A space to be pushed down.
- Wrong fount; change to proper fount.
- Make a paragraph here.
- Insert a space here.
- Delete character indicated and close up.
- Unevenly spaced; correct spacing.
- A letter inverted; reverse.
- Change to roman letters those underlined.
- Lines to be straightened.
- Indent one em.
- Broken letter.

∧ The caret mark; make correction indicated in margin.
stet Let the cancelled word, dotted underneath, remain.
= *s. cap.* Change to small capitals word underlined
— *ital.* Change to italic letters word underlined.
l.c. Change to lower-case letter (small letter).
tr. Transpose as marked.
ℛ Delete (take out).
ℐ Insert apostrophe.
Insert comma.
;/ Insert semicolon.
⊙ Insert period.
≡ *cap.* Change to capital letter.
no ¶ *run on* Make no break in the reading.
◠ Remove space and close up.

PROOF SHOWING CORRECTIONS

It is not possible even were I competent to attempt
such a task, to give in a chapter anything approaching
stet a complete account of the numerous and highly tech-
nical processes such as paper making, block-making,
printing and binding, which are employed in the mak-
ital. ing of a book. Nor is it necessary, because there exist
popular hand books and learned treaties on all these

subjects from which the reader can get more expert and detailed information than I could impart. All that will be attempted here is to put authors in a position to follow intelligently those parts of the processes with which they are likely to come in contact. It will probably simplify matters if we take each process separately, though in practice several of them are often being dealt with concurrently.

Printing. In an earlier chapter we discussed the process known as " casting off " a manuscript, i.e. counting the number of words in it and calculating, after due making allowance for such variable factors as " small type," etc., how many pages the book will make if printed in such and such a style. But we did not stop to consider a question which arises still earlier, viz. the choice of a printer. To the uninitiated, any printer is a potential book printer, but this more is not the case than that any tailor is competent to make a lady's costume. Either a printer is a book printer or he is not a book printer, the commercial printer who has occasionally printed a book (probably a local directory

108

第十四章　保管方法

保管一事,足以侦知书籍的寿命的长短。近来制书多求速成,故容易损坏,如能为图书馆出版图书馆装订式书籍,则必能耐久,而且经济。

每一书籍大概可以分为数部,即封面,书名,书根,以及书脊,书标。封面有用纸面,布面,皮面者,普通书籍纸面者多。惟中国旧式书籍,另外加套。书套是否有益,其利弊如何,此为吾人应加以研究者。中国之书多用线装,至于外国之书,有用平装及精装者,精装之书价较大,然可以保护书籍。

书根概为平切式,以便立起,最容易损坏者为书根。书根须加以注意,而书架是否光泽清洁,此与保护书籍上大有关系。

保管书籍的宗旨　保管书籍之最大目的,即为使书籍整洁,不容易污损,随时检阅,都极便利,作其最大的服务。管理书籍须能合于下列各件,方不负责任。

一、应有一定次序　书籍的排列无论其采取何种制度,须立秩序。秩序一立,最容易记忆。保管者不费多事,可得大益。

二、以科目为排列标准　不以书之大小,或收到书籍之先后为排列之标准,因其难于觅得。私人之书籍排列往往随便,惟图书馆之书,须遵一定制度,以科目为排列的标准最佳。

三、书标上标明号码,以示书之地位　分类号码之下,又有著者号码,故查书之时颇形便利。检书既形便利,插入亦极容易。

四、书之排列不必固定地位　地位固定，插入不便。移转之时，又费手续。不如让其有伸缩自如之地。

图书馆学家有赞成用开架式者，有赞成用闭架式者。惟以中国现在之情形而论，则闭架式之利益实超过开架式。如有主张用开架式试验者当无不可，惟贵重之书，当仍以闭架式为佳。

书籍的保护方法　书籍的保护方法很多，大而言之图书馆书库的建筑于保护书籍上大有关系。小而言之防潮湿，防蛀虫皆为重要工作之一。书籍之保存以能维持其长久之寿命，而供人利用为目的，方法可随时变通。

一、运用书籍之时，手要干净，勿折角，勿撕破，勿损污。

二、藏书之地空气流通。此有关建筑，当在打样之时，即行注意。

三、西文书籍不必用日光曝晒。

四、中文书籍，每年晒一二次，以夏日行之为佳。在晒书之时应即注意，其地点须高爽，以防野虫之飞入。

五、潮湿之地，书架脚上，洒以樟脑及石灰。樟脑以除虫，石灰以吸水分。然保管者须即报告主任人员，或即更为设计改良。

六、蛀虫防御，可用樟脑。

七、病人用书，应即消毒。

八、破坏书籍，立即修补。

九、送书修补，概须登记，以免忘记。

十、小册之书籍，可盛特制盒内。

十一、官书可置于档案箱内，编有引得，检查便利。如不能以整理全部者，当以不更动为佳。

十二、图籍之较古者容易破裂，须加以装裱。最好成一样大小，纳之盒内，外标内容，则检阅之时，自感便利。惟各种图籍不同，需酌量情形而定。

书籍之检查　书籍典藏须时加检查，以明内部之状况，以知保

81

护书籍之现状。普通检查书籍,不外以下各因。

一、书籍有否遗失,如已遗失者,填之入遗失表内,立即追查,而撤销该书之目录。

二、书籍有否损坏,如无损坏,可见保管得法,如有损坏,试推其理由,立出修补之法,如价值较轻者,不妨添购。

三、检查书籍之时以二人为之,不致有误。

四、检查书籍有否归还原来地位,抑或插错。

五、检查书籍有否倒入书架内,为他书所掩盖。

第十五章　装订方法

装订　图书馆之大者,可自设装订部分,以装订各种书籍。同时可另辟一部分裱装古画及损坏之书籍。即对于一般之图书馆,在装订委任不便利之时,似可自行工作。因为贵重的书籍委任装订作,有时也不便。曾有委任装订作的图书馆,不幸装订作起了火灾,所付诸书,付之一炬。虽或可偿还其损失,但书籍的购买并非完全以金钱所可办到的。

委任装订作整理书籍者,不妨将装订工人招至馆内工作,同时可以监督,免去危险。工作人员的技术如何,必须加以审查,委诸学徒工作者难达圆满的结果。

装订合同　与装订作定有合同者,工作进行较便。付帐或三月一次或一月一次。合同之上必需载明工作的品质,工作的标准,烫金者选用何种页金。缝书脊时,用何种线。最优等而未漂白之麻线为最坚固,书中所有图表,必须贴于较硬纸上,其硬纸之根必须穿线订好。关于装订书籍方法,有下列一书可供参考:

Douglas Cockerell: Bookbinding and the Care of Books 书中所采取者,均为经验之谈,不若凭空立论者可比。书之大小必标明尺寸,或以公分记之,以免错误。

装订之时,自以最低之价值,而得最佳之结果为原则。但最低之价值未必为最经济之方法,未曾训练或指导之装订工人,损害书籍过于任何人。不明次序,任意放置,而不清洁。图书馆所装书在于坚固,在于久远,在于任人翻阅,而不损书之内容。外观须雅朴,不必华丽,格式必须整齐,散脱者,有破坏者应即修补,以免将来损失更大,但装订书籍之时,必须加以考虑,如为价值较廉之书,而随时可以购得者,则可以取消,而不必装订,另费手续。

皮装 皮装名词范围甚大,皮之种类亦多。今日之充皮纸类式样甚多。充皮亦可列入皮之范围。普通者有 Calf,Roar,Skivers 及 Morocco 之皮,但以摩洛各的皮为最佳。此外人造纤维而类似摩洛各皮者亦有之,摩洛各皮无气味,经久不坏。一九一四年美国图书馆协会对于皮装之书有以下各种意见:

一、书籍之利用多者,用皮装。

二、少用之书,不必用皮装。

三、两可之间者,用布装。

装订式样 STYLE	背上金字 LETTERING FOR BACK
	书名
颜色 COLOUR	著者
装订方法 OTHER DIRECTIONS	版期
	册数
	书号
此纸仍请退还 RETURN THIS SLIP WITH BOOK C. P. C. 30	馆名

检对装订书籍　装订完竣之后，送至馆内，各种按号检对，如有字迹错误者须即检出重行更改。凡皮装之书，尚在潮湿之中者，勿直立之。以免背部倾斜。各册所用之材料及卷数，均须检对。

烫金装订之时，最感困难者，为不合书式，故在送交装订人之时，应列一表，附于其上。但书之过旧者，装订次数过多，必须加以注意。

图书馆内职员对于装订书籍至少应少有训练，则修补书籍之时，大感便利。

简单装订书籍方法　简单装订书籍方法应先审查装订书籍的各种问题：如订书的地位，横订式，穿线式，书面要否除去，合订的册数等等问题。解决这些问题以后，再按步就班的去订书。

一、裁四张道林纸与原书一样大小，二张作前页（Fly leave），二张作背页（End leave），于上下底各贴二张，贴时仅涂浆于纸之一面，黏于书之订线一面，然后上一布条于书之背上，与书之上下底相黏住，贴布用胶，但必均匀。

二、将上项稍干之书于布边上钻孔数个，于孔中穿以细麻线。

三、将上项已订就之书压入压书机中，压时以铁锤击其露出的背部，使之成圆形。

四、先裁二页较书稍狭之硬纸，然后用一条包皮纸黏在二页硬纸的各一端。

五、四边再贴墨色布纹纸。

六、于是将上项外套，于内面靠中缝之纸版，涂以良好有黏性之胶水，同时在背页上，涂以胶汁，然后将书装入套中，但须注意上下的距离，务使平均，再压平之。

七、压入压书机中，过一日即行取出。

简单装订书籍所用器具　手工装订所用器具较为简单，惟机器装订之用具较贵，且不易办，惟少数之出版家有此设备，则非图书馆所可备办。兹将最简单之用具列下：

一、压纸铁机。

二、裁纸机。

三、剪刀二，一大一小。

四、中式切纸刀一把。

五、胶水一瓶。

六、硬纸。

七、颜色布。

八、书面纸。

九、道林纸。

十、黄色皮纸。

十一、胶帚二个。

十二、浆刷二个。

十三、木夹版。

十四、石块。

十五、裁纸刀。

十六、白布。

十七、花色布。

十八、麻线。

十九、订书针。

二十、订书铁钻。

二十一、浆糊。

二十二、刷帚。

二十三、松胶汁。

二十四、白墨水。

二十五、亚马尼亚酸一瓶。

二十六、毛笔三枝。

二十七、铁锤一柄。

杂志报纸之装订　杂志之装订以按卷期次序者为佳，各种杂志，其颜色须一律，远望之即可认识。外面标明年月日起讫。检查之时将大为便利。其首备有索引，杂志按卷排列，下余尚待补入的地位。

至于报纸的装订，亦以分月为佳。背部标明何报，几年几月份。另备有报纸索引。索引之内有标题分类等索引，以字典式排列，便于检查。

散文脱叶　中国书籍常有散脱之页文或由于卷数误入。甚而至于页数之次序虽不错，而正文之承上接下不通者甚多。在此情形之下，惟有细心校对，而另寻他本。或另抄一部分填入。此项工作颇为麻烦，然为图书馆所常遇者。

至于西文书籍之中散脱文叶亦曾有之，抄写之时则惟有觅同样之书籍，用打字机誊写，或用照相机摄入亦可。

第三编 分类编目学

概说 图书分类之起源甚早,由简而繁,由散乱而整齐,乃逐渐改革而成。图书馆学专家克德氏(C. A. Cutter)说:"同样的物,置于一处,即是分类"(The putting together of like things)。我国哲学家荀卿子也曾说:"同其所同,异其所异。"相同的书籍,放置一处,即是分类。

人类的心理状态的表现很愿意将相同的事物放置一处,整齐之,排列之,例如将苹果放在苹果的地方,橘子放在橘子的地方,即最原始的人类对于贝壳的搜集,也分别归类排列,这种举动也就是心理的表现。

同一事物于类似或同性质上亦有种种方便,分类亦然。因此发生种种不同的分类。观察事物所持的观点不同,结果也就分别了。就空间上来着想有地理的区分,就时间上着想有历史之分,就善恶上着想有性质之分,就分量上着想有多少之分,就位置上着想有远近之分。

分类之进行步骤先将事物分为若干大类,再由大类分为若干中类,再分为若干小类。例如生物学者先将其所欲处理之生物界大分为植物,动物二界,植物学者又将植物分为显花植物,隐花植物二大类。动物学者又将动物分为脊椎无脊椎二类。图书之分类亦然。

编目 分类之后即可编目。编目的方法各图书馆或微有不同,但其总目的乃是求读者的便利。自书籍的购买,至于到读者的面前阅读,这其中编目要负一大部分的责任。编目的方法可以分为二类,一是中文书的编目,一是西文书的编目。

标题　标题的利用可使图书馆增加宏大的效用。良好的图书馆没有良好的标题,在利用上发生障碍。克德氏在字典式的目录中曾经叙述过。

现代的书籍的分类编目和标题都是采取西洋各国的图书管理的方法,而参以本国的需要设计的。有许多图书馆竟完全采用西洋图书馆的分类编目方法。不过图书馆学尚在形成之日,他的进步是无可限量的。

第十六章　分类方法

一　中国书籍的分类

我国图书分类最早者当推汉代刘歆《七略》,七略者:辑略,六艺略,诸子略,诗赋略,兵书略,术数略,方技略。至于唐代分为四部,四部内容,历代略有更动,至清而成经,史,子,集《四库全书》。

刘歆的七略

一、辑略

二、六艺略

　　1.易　2.书　3.诗　4.礼　5.乐　6.春秋　7.论语　8.孝
　　经　9.小学　共九类

三、诸子略

　　1.儒　2.道　3.阴阳　4.法　5.名　6.墨　7.纵横　8.杂
　　9.农　10.小说　共十类

四、诗赋略

　　1.赋三种　2.杂赋　3.歌诗　共五类

五、兵书略

　　1.兵权谋　2.兵形势　3.阴阳　4.兵技巧　共四类

六、术数略

　　1.天文　2.历谱　3.五行　4.蓍龟　5.杂占　6.形法　共
　　六类

七、方技略

　　1.医经　2.经方　3.房中　4.神仙　共四类

　　据《汉书艺文志》所载大凡书六略,三十八种,五百九十六家,万三千二百六十九卷。查记载汉代以前制度者,有《周官》一书,其书之成或出于后人之假造,不得而知。惟其对于周官之职掌言之极明,关于书籍一事,所言如下:

　　一、太史掌建邦国之六典,以逆邦国之治,掌法,以逆官府之治;掌则,以逆都鄙之治,凡办法者考焉,不信者刑之。凡邦国,都鄙及万民之有约剂者,藏焉,或贰六官,六官之所登。

　　二、小史掌邦国之志,奠,系世,办昭穆,若有事则昭王之忌讳,大祭祀,读礼法史以书叙昭穆之俎簋。

　　三、内史掌王之八枋之法,以昭王治。

　　四、外史掌书,外令掌四方之志,掌三皇五帝之书,掌达书名于四方。若以书使于四方,则书其令。

　　五、御史掌邦国,都鄙及万民之治令,以替冢宰。

　　六、小行人掌邦国,宾客之礼籍,以待四方之使者。

　　七、大司徒之职,掌建邦之土地之图,与其人民之数,以佐王安扰邦国。

　　八、司书掌邦之六典,八法,八则,九职,九正,九事,邦中之版土地之图。

　　九、大胥掌学士之版,以待致诸子。

　　十、司士掌群臣之版,以治其政令。

　　十一、司民掌万民之数目,生齿以上,皆书于版。

　　十二、司约掌邦国及万民之约剂。

　　十三、司会掌邦之六典,八法,八则,之贰,以逆邦国,都鄙官府之治。

　　由是以知书籍各有职掌,至汉改秦之败,大收篇籍,广开献书之路。迄孝武之世,书缺简缺礼坏乐崩,于是建藏书之策,置写书之官。下及诸子传说,皆充秘府。俟后诏光禄大夫刘向校经传,诸子,诗赋,步兵校尉任宏校兵书;太史令尹咸校术数;侍医李柱国校方技。

中国书籍之分类原始于刘歆七略,至于后世之分类为四部者,则以《隋书经籍志》开其端。《隋书经籍志》之分类如下:

一、经

易 书 诗 礼 乐 春秋 孝经 论语(尔雅,五经编义) 纬书 小学

二、史

正史 古史 杂史 霸史 起居注 旧事篇 职官篇 仪注篇 刑法篇 杂传 地理 谱系 簿录篇

三、子

儒 道 法 名 墨 纵横 杂 农 小说 兵 天文 历数 五行 医方

四、集

楚辞 别集 总集

五、道经

六、佛经

宋元嘉八年秘书丞谢灵运造《四部目录》,大凡六万四千五百八十二卷。元徽元年秘书丞王俭又造《目录》,大凡一万五千七百四卷,俭又别撰七志,七志分类如下:

一、经典志 纪六艺 小学 史记 杂传

二、诸子志 纪今古诸子

三、文翰志 纪诗赋

四、军书志 纪兵书

五、阴阳志 纪阴阳图纬

六、术艺志 纪方技

七、图谱志 纪地域 及图书

阮孝绪七录分类法

经典录内篇第一
　　易部　尚书部　诗部　礼部
　　乐部　春秋部　论语部
　　孝经部　小学部

纪传录内篇第二
　　国史部　注历部　旧事部
　　职官部　仪典部　法制部
　　伪史部　杂传部　鬼神部
　　土地部　谱状部　簿录部

兵录内篇第三
　　儒部　道部　阴阳部　法部
　　名部　墨部　纵横部　杂
　　部　农部　小说部　兵部

文集录内篇第四
　　楚辞部　别集部　总集部
　　杂文部
　　术伎录内篇第五
　　天文部　纬谶部　历算部
　　五行部　卜筮部　杂占部
　　形法部　医经部　经方部
　　杂艺部

佛法录外篇第一
　　戒律部　禅定部　智慧部

疑似部　论记部
仙道录外篇第二
　　经戒部　服饵部　房中部
　　　　符图部

至唐分为经史子集四部,其分法
如下:
经录
　　易　书　诗　礼　乐　春秋
　　孝经　论语　谶纬　经解
　　小学
史录
　　正史并集史　编年　伪史
　　杂史　起居注并实录　故事
　　职官　杂传记并女训　仪注
　　刑法　目录　谱牒　地理
子录
　　儒道并神仙释氏　法　墨
　　纵横　杂　农家　小说
　　天文　历算　兵书　五行
　　杂艺术　类书　明堂　经
　　脉　医
集录
　　楚辞　别集　总集并文史

郑樵通志　郑樵通志别立体裁,分为十一类。十一类者即:
经,礼,乐,小学,史类,诸子,天文,五行,艺术,医方,文类。郑氏处
隋、唐三志之后,四部已由萌芽而长成,官簿已夺《刘略》之正统,
故其分类选择四部也是势所必然的。

一、经类

易

古易　石经　章句　传
注　集注　义疏　论说
类例　谱　考正　数
图　音　谶纬　拟易

书

古文经　石经　章句　传
注　集注　义疏　问难
义训　小学　逸篇　图
音　续书　谶纬　逸书

诗

石经　故训　传　注　义
疏　问辨　统说　谱名物
图　音　纬学

春秋

注　五家传注　三传义疏
传论　序　条例　图文
辞　地理　世谱　卦繇
音　谶纬

国语

注解　章句　非驳　音

孝经

古文　注解　义疏　音
广义　谶纬

论语

古论语　正经　注解　章
句　义疏　论难　辨正

名氏　音释　谶纬　续语

尔雅

注解　图义　音　广雅
杂尔雅　释言　释名　方
言

解经

经解　谥法

二、礼类

周官

传注　义疏　论难　义数
音　图

仪礼

石经　注　疏　音

丧服

传注　集注　义疏　记要
问难　仪注　谱图　五服
图仪

礼记

大戴　小戴　义疏　书钞
评论　名数　义音　中庸
谶纬

月令

古月令　续月令　时令

岁时

会礼

论钞　问难　三礼　礼图

仪注

礼仪　吉礼　宾礼　军礼

93

嘉礼　封禅　汾阴　诸祀

仪注　陵庙制家礼发仪

东宫仪注　后仪　王国州

县仪注　朝令仪　耕籍仪

车服　国玺　书仪

三、乐类

乐书　歌辞　题解　曲簿

声调　钟磬　管弦舞　鼓

吹　琴　谶纬

四、小学

小学　文字　音韵　音释

古文　法书　蕃书　神书

五、史类

正史

史记　汉书　后汉　三国

晋　宋　齐　梁　陈　后

魏　北齐　后周　隋　唐

通史

编年

古史　两汉　魏吴晋

宋　齐　梁　陈　后魏

北齐　隋　唐五代　运历

纪录

霸史

杂史

古杂史　两汉　魏晋　南

北朝　隋　唐

起居注

起居注　实录　会要

故事

职官

刑法

律　令　格　式　敕　总

额　古制　专条　责举断

狱　法守

传记

耆旧　高隐　孝友　忠烈

名士　交游　列传　家传

列女　科第名号　算异

详异

地理

地理　都城宫苑　都邑

图经　六物　川渎　名山

洞府　朝聘　行役　蛮夷

谱系

帝王　皇族　总谱　韵谱

郡谱　家谱

食货

货宝　器用　豢养　种艺

茶　酒

目录

总目　家藏总目　文章目

经史目

六、诸子

儒家

道家

94

老子 庄子 诸子 阴符经 黄庭经 参同契 目录 传记 论书 经 科仪 符录 吐纳 胎息 内视 道引 辟谷 内丹 外丹金石药 服饵 房中 修养

释家

传记 塔寺 论议 诠述 章钞 仪律 目录 音义 颂赞 语录

法家

名家

墨家

纵横家

杂家

农家

小说家

兵家

兵书 军律 营阵 兵阴阳 边策

七、天文

天文

天象 天文总占 竺国天文 五星占 杂星占 日月占 风云气候占 宝气

历数

正历 历衡 七曜历杂 星历 刻漏

算术

算术 竺国算法

八、五行

易占 轨革 筮占 龟卜 射覆 占梦 杂占 风角 鸟情 逆刺 遁甲 太一 九宫 六壬 式经 阴阳 元辰 三命 行年 相法 相笏 相印相字 堪约 易图 婚嫁 产礼 登坛 宅经 葬书

九、艺术

艺术 射 骑 画录 画图 投壶 弈棋 博塞象经 挏蒱 弹棋 打马 双陆 打球 采选叶子格 杂戏格

十、医方

脉经 明堂针灸 本草 本草图 本草用药 采药 炮炙 方书 单方 胡方 寒食散 病源 五藏 伤寒脚气 岭南方 杂病 疮肿 眼药 口齿 妇人 小儿 食经 香薰 粉泽

95

十一、文类

  楚辞 历代别集 总集
  诗总集 赋 赞 颂 箴
  铭 碑碣 制诰 表章
  启事 四六 军书 案制
  刀笔 俳谱 奏议 论策
  书 文史 诗评

  书目答问 《书目问答》为清代张之洞所撰,其目的在指示学习学问之途径,书成之后名之为《书目问答》,所以答研究学者之问。内中各种书目排列有次,不啻一种分类。《书目问答》于经史子集之外另加丛书一项,以补其缺。其分类如下:

经部总目
 正经正注第一
  十三经,五经,四书合刻本。
 列朝经注说经本考证第二
  易,书,周礼,仪礼,礼记,三礼总义,乐,春秋,左传,春秋公羊传,春秋谷梁传,春秋总义,论语,孟子,四书,孝经,尔雅,诸经总义,诸经目录,文字音义,石经。
史部总目
 正史第一
  二十四史,二十一史,十七史合刻本,正史分刻本,正史补注,表谱考证。
 编年第二
  司马通鉴,别本纪年,纲目。
 纪事本末第三
 古史第四
 别史第五
 杂史第六
  事实,掌故,琐记。
 载记第七
 传记第八
 诏令奏议第九
 地理第十
  古地志,今地志,水道,边防,外纪,杂地志。
 政书第十一
  历代通制,古制,今制。
 谱录第十二
  书目,姓名年谱,名物。
 金石第十三
  金石目录,金石图象,金石文字,金石义例。
 史评第十四
  论史法论史事。
子部总目

周秦诸子第一

儒家第二

　　议论,经济,理学,考订。

兵家第三

法家第四

农家第五

医家第六

天文算法第七

　　中法,西法,兼用中西法。

术数第八

艺术第九

杂家第十

小说家第十一

释道家第十二

　　释家,道家。

类书第十三

集部总目

楚辞第一

别集第二

　　汉,魏,六朝,唐,五代,北
宋,南宋,金,元,明,国朝。

　　理学家集。

　　国朝考订家集,国朝古文家
集,国朝骈体文家集,国朝
诗家集,国朝词家集。

总集第三

　　文选,文,诗,词。

诗文评第四

丛书目

　　古人著述合刻丛书

　　国朝一人著述合刻丛书

别录目

　　群书读本,考订初学各书,词
章初学各书,童蒙幼学各书。

　　四库全书　清乾隆三十七年开始选辑《四库全书》,至四十七
年进表,其目的不惟荟萃古今载籍,富有美丽,不特内府珍藏,藉资
乙览,亦欲以流传广播,沾溉艺林。以国家之力合多数人之精神荟
萃而成,故其分类排列亦有自然之秩序。大体上乃为经史子集四
部。

经部第一

　　易类

　　书类

　　诗类

　　礼类

　　周礼　仪礼　礼记　三礼
通义　通礼　杂礼书

　　春秋

　　孝经

　　五经总义

97

四书类

乐类

小学类

 训诂字书韵书

史部第二

正史

编年

纪事本末

别史

杂史

诏令 诏令奏议

传记 圣贤名人 总录

史钞

载记

时令

 地理 总志 都会郡县

  河渠 边防 山川

 古迹 杂记 游记 外纪

职官

 官制 官箴

 政书 通制 典礼 邦计

  军政 法令

 目录 经籍 金石

 史评

子部

儒家

兵家

法家

农家

医家

天文算法 推步 算书

术数 数学 占候 相宅

相墓 占卜 命书相书

 阴阳五行

艺术 书画 琴谱 篆刻

 杂技

谱录 器用 食谱 草木

鸟兽虫鱼

杂家

类书

小说家

释家

道家

集部

别集

总集

诗文评

词曲评 词选 词话

词谱词韵 南北曲

清华大学图书馆分类法 北平清华大学图书馆对于中国的旧书经史子集,每一项下,曾用十进分类法分类,其表如下:

经部

000 群经类

　　000 群经合刻本

　　010 群经总义

100 易类

200 书类

300 诗类

400 礼类

　　410 周礼

　　420 仪礼

　　430 礼记

500 春秋类

　　510 左传

　　520 公羊

　　530 谷梁

600 四书类

　　610 学庸

　　620 论语

　　630 孟子

700 孝经类

800 尔雅类

900 小学类

　　910 说文

　　920 字书

　　930 训诂

　　940 韵书

史类

000 总史类

000 正史合刻本

010 正史分刻本

020 编年

030 纪事本末

040 古史

050 别史

060 载史

070 杂史

080 传记

100 诏令奏议类

　　110 诏令

　　120 奏议

200 时令类

300 地理类

　　300 总志

　　310 都会郡县志

　　320 河渠

　　330 山川

　　340 边防

　　350 外记

　　360 游记

　　370 舆地丛记

400 政书类

　　410 历代通制

　　420 各代旧制

　　430 仪制

　　440 法令

　　450 军政

700 清别集类　900 诗文评类

800 现代别集类

中国现行之分类,大多采取十进分类法。关于十进分类法的著术,约分三派:一为增补杜威式者,一为增改杜威式者,一为采用十分符号,而另立新目者,兹将各家分类列表如次:

各家分类法大纲比较表

家别＼符号	沈祖荣胡庆生 分类大纲	刘国钧 分类法	陈子彝 分类法	陈天鸿 分类法	杜定友 分类法	杜威原著 分类大纲
000	经部类书	总部(丛书群经入此)	丛	通书	总记	总类
100	哲学宗教	哲学部	经	普通哲学	哲理科学	哲学
200	社会学与教育	宗教部	史地	教育学	教育科学	宗教
300	政法经济	自然科学部	哲学宗教	社会学	社会科学	社会科学
400	医学	应用科学部	文学	方言学	艺术	语文学
500	科学	社会科学部	教育	科学	自然	自然科学
600	工艺	史地部	社会科学	技艺学	应用科学	应用技术
700	美术	史地部	自然科学	美术学	语言学	美术
800	文学	语文部	应用科学	文学	文学	文学
900	历史	美术部	艺术	万国史	历史地理	史地

佛经分类　佛经分类之发展较迟,其原因以佛经之藏书甚早,各庙宇之中均已实行,而制为图书馆之分类者当不多见,近者武昌有佛教图书馆之设施,佛经有分类之必要,因排列及检查之时必须归类,以省手续。佛经之分类如下:

一、总铨

　1.目录

　2.音义

　3.辞典

4.字典

二、佛藏

　1.中文大藏经

　　(1)宋版藏

(2)龙版藏

(3)频伽藏

(4)大正藏

(5)续藏

(6)其他

2.梵文一切经

3.藏文一切经

4.巴利文一切经

三、选述

1.佛教史传

(1)佛谱佛传等

(2)通史典章

(3)印度佛史

(4)中国佛史

(5)西藏蒙古史

(6)日本朝鲜史

(7)暹罗缅甸史

(8)欧美各国史

(9)其他

2.印度撰述

(1)小乘各宗

(2)大乘各宗

(3)法相宗

(4)法性宗

(5)密宗

(6)净土宗

3.中国撰述

(1)八大宗

(2)各丛书如太虚丛书等

4.日本撰述

(1)各宗派

(2)各丛书如真言宗全书

5.新闻杂志

(1)东亚

(2)中国

(3)西洋

四、外典

1.道教

2.耶教

3.回教

4.其他

五、儒典

1.经

2.史

3.子

4.集

六、近代新著

1.科学

2.哲学

3.宗教

4.文学

5.美术学

6.史地学

至于佛教经典中之大藏经又可以分为以下各类。

大藏经

一、经

  小乘

    华严

    方等

    般若

    法华

    涅槃

  大乘

    根本四阿含

    各小乘经

二、律

  小乘律

  大乘律

三、论

  小乘论

  宗经论

  释经论

  诸经论

  大乘论

四、密

  经论

  仪轨

五、杂

  印度撰述

  此土撰述

  忏悔

  传记

  赞颂诗歌

  护教

二 西洋图书的分类

笈斯纳分类法 时当一五四八年瑞士人笈斯纳（Konrad Gesner l516—1565）创分类方法公布于世,称为最初的图书分类表。表内分为二十一门,各按系统排列。

1. Grammatica et Philologica
2. Dialectica
3. Rhetorica
4. Poetica
5. Aritheretica
6. Geometria, Optica, etc.
7. Musica
8. Astronomia
9. Astrologia
10. De Divinatione et Magia
11. Geographia

12. Historia

13. De Derersibus Artibus il-
    literatis, mechanicis, etc.

14. De Naturali Philosophia

15. Metaphysica et Theolo-
    gia

16. De Morali Philosophia

17. De Philosophia Aeco-
    nomica

18. De re Politica id et Civili
    ac Militari

19. De Juris Prudentia

20. De re Medica

21. De Theologio Christiana

其次,在一六二七年,法国有名的图书馆学者纳得(Gabriel
Naudé,1600—53)在其所著 Advisour dresser une bibliothequè 中,
揭出单独的分类表。其目录如下:

Theology

Medicine

Bibliography

Chronology

Geography

History

Military Art

Jurisprudence

Council and Canon Law

Philosophy

Politics

Literature

次于纳得之分类者,在十九世纪初年,法国有一新分类表出
现。此表大体上是基于纳得之分类表的。至于今日,尚利用其种
种之变形。即是巴利由纳(Jacque Charles Brunet, 1780—1867)的
分类,巴氏发表于一八一〇年,被称为法兰西式之分类(French
Scheme)者是也。

Class I Theology

1. Holy scriptures

2. Sacred Philology

3. Liturgies

4. Councils

5. Fathers

6. Collective works of the-

ologians

7. Singular and fanatical
   sects and opinions

8. Judaism

9. Oriental religions

10. Seism, etc.

Class II Jurisprudence

1. General treatises on law

2. Natural and international law

3. Political law

4. Civil and Criminal law

5. Canon and ecclesiastical law

Class III Science and Arts

1. Dictionaries and encyclopaedias

2. Philosophical sciences

3. Physical and Chemical science

4. Natural sciences

5. Medical sciences

6. Mathematical sciences

7. Mnemonics

8. Fine arts

9. Mechanical arts and trades

10. Gymnastics – Recrea-

tive arts and   games

Class IV Belles – letters

1. Introductory works

2. Linguistics

3. Rhetoric

4. Poetry

5. Prose fiction

6. Philology

7. Dialogues, etc.

8. Letters

9. Polygraphy

10. Collective works – Miscellanies

Class V History

1. Historical prolegomena

2. Universal history

3. History of religions, etc.

4. Ancient history

5. Modern history

6. Historical paralipomena

此种分类颇似着重于书史学者之要求,但其纯粹为人为的分类,则一望了然,不待详言。

英人黑尔(Thomas Hartwell Horne)创分类表颇似巴氏。他是英国有名的书志学者。在一八二五年,公布《分类大纲》(Outlines of the classification of a library)。他的分类表如下:

Class I Theology or Religion

1. Introductory works

2. Natural Religion

3. Revealed Religion

105

a. Holy Scriptures

b. Sacred Philology

c. Councils and Ecclesiastical Polity

d. Liturgies

e. Fathers and Collected Works of Theologians

f. Scholastic Divinity

g. Systematic Divinity

h. Moral and Casuistical Divinity

i. Catechetical Divinity

j. Polemical Divinity

k. Pastoral Divinity

l. Hortatory Divinity

m. Mystical and Ascetical Divinity

n. Miscellaneous Treatises

4. History of Religions

Class II Jurisprudence

1. Public Universal Law

2. Ancient Civil and Feudal Law

3. Canon Law

4. British Law

5. Foreign Law

Class III Philosophy

1. Introductory Works – Encyclopaedias, etc.

2. Intellectual Philosophy

3. Moral and Political Philosophy

4. Natural Philosophy

5. Mathematical Philosophy

Class IV Arts and Trades

1. History of Arts

2. Liberal Arts

3. Economical Arts, Trades, & Manufactures

4. Gymnastic and Recreative Arts

Class V History

1. Historical Prolegomena

2. Universal History

3. Particular History

a. Ancient

b. Middle Ages

c. Modern

4. Biographical and Monumental History

5. Historical Extracts and Miscellanies

Class Ⅵ Literature

  1. Literary History and Biography

  2. Polite Literature

    a. Grammar

    b. Philology and Criticism

    c. Rhetoric and Oratory

    d. Poetry

    e. Literary Miscellanies

在英国,此种分类风行一时。此外,在德、法、意以及其他诸国,亦有种种分类表,不复赘述。西历一八三六年,英国博物馆对于其藏书即施以有组织的分类。从其藏书之数量上言之,从其藏书之种类涉及于多方面之点言之,则其图书分类表,在图书分类史上,颇占重要的地位。分类如下:

Ⅰ. Theology

  1. Bibles, Polyglot

  2. Hebrew

  3. Greek

  4. Latin

  5. French, Italian, etc.

  6. German

  7. Dutch and Scandinavian

  8. English

  9. Celtic

  10. Slavonic

  11. Oriental

  12. American, Polynesian, etc.

  13. Bible Concordances

  14. Bible Commentaries, General

  15. Pentateuch

  16. Other Historical Books

  17. Psalms

  18. Propbets and Hagiographa

  19. Unfulfilled Paophecy

  20. New Testament, General

  21. Gospels and Acts

  22. Epistles

  23 – 25. Liturgies

  26 – 27. Metrical Psalms, Hymns

  28 – 80. Prayers, Theology, Sermons

  81. Mythology

  82. Scriptures of the Non – Christian Religions

  83. Jewish History

  84 – 99. Church History, General and National

108

19. Domestic Medicine
20. Physiology
21. Phrenology, Animal Magnetism, etc.
22. Anatomy
23 – 24. Pathology, Therapeutics
25. Mineral Waters
26. Surgery
27. Materia Medics
28 – 36. Diseases, Hospitals, etc.

IV. Archaeology and Arts
1 – 2. Archaeology
3. Costumes
4. Numismatics
5. Fine Art, General
6 – 7. Architecture
8. Painting and Engraving
9. Sculpture
10. Music
11. Field Sports
12. Games of Chance
13. Games of Skill
14. Useful Arts
15. Domestic Economy
16 – 17. Exhibitions, etc.

V. Philosophy

1 – 24. Politics (National) Political Economy, etc.
25 – 29. Commerce, Charities, etc.
30 – 33. Education, Schools, etc.
34. Moral Philosophy
35 – 37. Marriage, Women, Temperance, etc.
38 – 39. Metaphysical Philosophy
40. Logic
41. History of Philosophy
42 – 46. Mathematics; Arithmetic, Geometry, etc.
47. Astronomy
48 – 50. Astrology, Occult Science, Spiritualism
51. Physics
52. Optics
53. Meteorology
54. Electricity
55. Mechanics
56. Hydrostatics, Hydraulics
57. Nautical Sciences

109

Authors, by Nationalities

78. Speeches

79. Fables

80 – 81. Proverbs, Anecdotes

82. Satire and Facetiae

83. Essays and Sketches

84. Fiction, Collected

85. Folk – Lore, Fairy Tales

86. Early Romances

87. Fiction, Italain

88. Spanish and Portuguese

89. French

90. German

91. Dutch and Scandinavian

92. Slavonic and Hungarian

93. English, Collected

94. Waverloy Novels

95. English, Translations

96. English, Early

97. Republications

98. English, General

99. Minor

100. American

101. Tales for Children

X. Philology

1. General Philology

2. Languages Semitic

3. Other Asiatic and African

4. American and Polynesian

5. Chinese and Japanese

6. Greek

7. Latin

8 – 10. Italian, Spanish, French

11 – 13. German, Dutch, Scandinavian, Slaonic

14. Celtic

15. English

16. Phonography

17. Books for the Blind

此分类表大体上是根据培根,巴利由纳的。即仅看其使用于各类中之名辞,亦能令人感到有中世纪的意味。在德意志,自勒普宜茨(Leibnitz)的分类表发表以来,有爱尔菽(Ersch, 1793)普莱以是卡(Preusker, 1830),太奈曼(Thienemann, 1849)的分类表公布于世;这些分类法多被采用于大学或学会图书馆。兹仅揭出雪来爱尔马茨尔(Schleiermacher)的分类表(1852)的门名,作为一例。

Ⅰ. Encyklopädie, Literärgeschichte, und Bibliographie

Ⅱ. Vermischte Schriften

Ⅲ. Sprachen – und Schriftkunde, Philologie

Ⅳ. Griechische und Lateinische Litteratur

Ⅴ. Schöne Wissenschaften in den neuren und orientalischen Sprachen

Ⅵ. Schöne Künste

Ⅶ. Historischen Wissenschaften

Ⅷ. Mathematische und Physikalische Wissenschafton

Ⅸ. Naturgeschichte

Ⅹ. Medizin

Ⅺ. Industrie

Ⅻ. Philosophie, pädagogik

ⅩⅢ. Theologie

ⅩⅣ. Jurisprudenz und Staatswissenschaften

看此分类表,即可明了,自一八五〇年顷,分类表已渐成为实际的了,且进入细微,其名词亦已近代化了。盖当时学问之进步与关于工艺的图书之激增。对于图书分类门目设施上,给与很大的影响。加之,此时在英、美两国的图书馆运动已兴起,图书馆学大起研究,种种分类表亦已制成。其中最早的是爱德华氏(Edward, 1812 – 26)的分类表。那是英国近代图书馆运动的先驱者。他的分类表特以适应公共图书馆之性质与要求为目的而编成的。是表发表于一八五九年首,被孟恰斯德的公共图书馆采用,后又被英国各地的公共图书馆采用。分类表如下:

Class A Theology

1. Holy Scriptures

– 1. Complete Texts

– 2. Detached Books of O.

and N. Tests

– 3. Harmonies of O. and N. Tests

– 4. Apocryphal Scriptures

112

- 41. Australian Collective History
- 42. History of Particular Colonies
- 43. British India, History
8. Europe, Modern History, General
    - 1. Belgium and Holland
    - 2. Denmark, Sweden, Norway
    - 3. France
    - 4. Germany
    - 5. Greece
    - 6. Hungary
    - 7. Italy
    - 8. Poland
    - 9. Russia
    - 10. Switzerland
    - 11. Turkey
    - 12. Other Parts of Europe
9. America History, General
    - 1. United States (since Independence)
    - 2. Mexico
    - 3. Hayti
    - 4. Central and Southern America
10. Africa and Asia, Modern History

Class D Politics and Commerce
1. Politics and Government, General
2. National Constitutions
3. Monarchy, General
    - 1. Crown of England, Succession and Prerogatives
4. Parliamentary and Representative Assemblies, general
    - 1. House of Lords
    - 2. House, of Commons Constitution, etc. General
    - 3. Reform
    - 4. Bribery at Elections
    - 5. Ballot and Electoral Reform
    - 6. Privileges
    - 7. Internal Economy and Business
    - 8. Reports and Papers
    - 9. Foreign Countries, Representative Assemblies
5. Civil Government, General

115

- 1. Civil Service of United kingdom
6. Law, General
7. Laws, Collective, U. K. and England
  - 1. Laws Commentaries, England
  - 2. Codsfication, England
  - 3. Reform, England
  - 4. Courts of Law, England
  - 5. Scotland, England
  - 6. Ireland
  - 7. Wales
  - 8. Colonial
  - 9. United States
  - 10. Foreign Countries
  - 11. International Law
8. Criminal Law (4 subdivisions)
9. Political Economy: Commerce Pau perism Population etc. – (33 subdivisions)
10. Church Establishments
11. Public Education (3 subdivisions)
12. Army and Navy, Organization, etc.
13. Foreign Policy, Ambassadors and Consuls
14. Political Satires, Liberty of the Press
Class E Sciences and Arts
1. General: Dictionaries, Society Transactions
2. Physical Sciences, General
  - 1. Physics
  - 2. Mechanics
  - 3. Acoustics
  - 4. Optics
  - 5. Pneumatices, Electricity Meteorology, etc.
  - 6. Phesical Astronomy
  - 7. Chemistry, General
  - 8. Inorganic
  - 9. Organic
  - 10. Analytical
  - 11. Technical
  - 12. Society Transactions, Periodicals
  - 13. Mineralogy and Crystallography
  - 14. Geology, General
  - 15. Particular
  - 16. Societies and Periodi-

116

cals

- 17. Biology, General
- 18. Comparative Anatomy and Physiology
- 19. Human Anatomy and Physiology
- 20. Zoology, General
- 21. Particular
- 22. Local
- 23. Societies and Periodicals
- 24. Botany, General
- 25. Physiological
- 26. Local
- 27. Societies and Periodicals
- 28. Palaeontology

3. Mathematical Sciences, General
- 1. Arithmetic; - 2. Algebra; - 3. Geometry; Conic Sections; Mensuration; - 4. Trigonometry; - 5. Calculus

4. Mechanical Arts, General
- 1. Civil Engineering; - 2. Steam Engine; - 3.

Roads, Railways; - 4. Docks, Harbours, Canals, etc. ; - 5. Field Work; - 6. Building; - 7. Mining and Metallurgy, Machinery etc. ; - 8. Textile Fabrics; - 9. Mathmeatcal Instruments, Watch and Clockmaking; - 10. Typefounding Printing, Lithography, etc. ; - 11. Pottery, Ce ramics, Glass; - 12. Other Arts and Trades

5. Military and Naval Arts (8 subdivisions)

6. Arts of Design, General
- 1. Painting (3 subdivisions) ; - 2. Sculpture; - 3. Engraving; - 4. Architecture; - 5. Landscape Gardening; - 6. Photography

7. Arts of Writing, General
- 1. Paleography; - 2. Shorthand; - 3. Se-

cret Writing

8. Musical and Histrionic Arts, General
   - 1. Music, General; - 2. Music, Theory and Composition; - 3. Music, Practical Treaties, Instruments, Voice; - 4. Music, History; - 5. Histrionic, Art, Histories of the Stage

9. Medical Arts, General
   - 1. Medicine, Particular Branches; - 2. Surgery and Surgical anatomy; - 3. Materia Medica and Pharmacy; - 4. Dietetics

10. Domestic and Recreative Arts

Class F Literature and Polygraphy

1. History of Literature, General

2. Linguistics, or Philology, General
   - 1. Particular Languages; - 2. Dictionaries, Lexicons. etc.

3. Poetry and Fiction, General Collections and History
   - 1. National Collections; - 2. Classic Greek Poets; - 3. Classic Latin Poets; - 4. British Poets; - 5. Modern Foreign Poets; - 6. Early Romantic Fiction; - 7. Comic, Pastoral, and Heroic Romance; - 8. Dramatic Poetry, Collections of Plays; - 9. Collective, Works of Individual Authors; - 10. Separate Plays; - 11. History of Dramatic Poetry; - 12. Modern Tales, Novels and Romances

4. Oratory; Speeches and Tretises on Oratory

5. Essays, Proverbs, Literary Miscellanies

6. Epistolography, or Collections of Letters

7. Biblography and Literary History of Particular Countries

8. Polygraphy (collections of works in 2 or more classes)

- 1. British; - 2. Foreign;
- 3. Encyclopaedias;
- 4. Reviews, Magazines, etc.

此外尚有一八八七年桑纳新的分类表（Sonnenshein´s Best Booes）及一八九四年可因勃朗氏（QuinnBroun）之分类表。

可因勃朗氏之分类表如下：

Class A Religion and Philosophy

1. Bible (a Texts, b Commentaries, c History, d Aids)

2. Church(a History, b Law. c Liturgy, d Rituals by Sects)

3. Theology(a Natural Theology, b Christianity, c Non Christian Systems, d Mythology, e Popular Beliefs)

4. Philosophy (a School, b Mental Science, c Logic, d Moral Science)

Class B History, Travel, and Topography a Universal History and Geography, b; Dictionaries; c, Chronology d, Archaeology (including Numismatics), e, Gazet teers, f, Atlases, etc.

National History and Topography (by countries, subdivided as required)

- 1. Europe, 2. Asia, 3. Africa, 4. America, 5. Australasia, 6. Polar Regions

Class C Biography

Dictionaries and General Collections (a Peerages, b Army, c Clergy d Law and other lists, e Dignities, f Heraldry, g Genealogy and Family History.)

Classes, including Criticism(a Actors, b Artists, c Authors, d Clergy and Religious, e Engineers, f Inventors, g Legal, h Monarchs i Philosophers, j Philanthropists, k Scientists, l Statesmen, m Travellers, etc.)

Class D Social Science
1. Society (a Manners and Customs, b Folklore, c Marriage, d Womem, e Pauyerism, f Crime, g Sozialism, etc.)
2. Government and Politics (a Public Documents, b Statutes, c Army, d Navy, e Civil Service, etc.)
3. Law (International, English, Colonial, Foreign, Special – as Patent, Commercial, etc.)
4. Political Economy (Taxation, Free Trade, Capitaland Labour, Land, Rent, Statistics)
5. Education
6. Commerce

Class E Science
1. Biology (Evolution, General)
2. Zoology
3. Botany
4. Geology (Palaeontology, Mineralogy and Crystallography)
5. Chemistry
6. Physiography
7. Astronomy
8. Physics
9. Mathematics

Class F Fine and Recreative Arts
1. Architecture
2. Painting
3. Sculpture and Carving
4. Decoration
5. Engraving
6. Music
7. Amusements
8. Sports

Class G Useful Arts
1. Engineering (Steam, Naval, Military Civil, Mining, Railway, Electrical, etc.)
2. Building and Mechanical Arts
3. Manufactures
4. Agriculture and Gardening
5. Sea and Navigation
6. Health and Medicine
7. Household Arts

Class H Language and Literature
1. Philology
2. Literary History

3. Bibliography

4. Libraries

Class I Poetry and the Drama

  1. Poetry (Anthologies, Poets alphabetically, Dramatists alphabetically)

Class J Fiction

1. Collections, Author Alphabet and Ancnyma

2. Juvenuile

Class K General Works

  1. Encyclopaedias, Directories

  2. Miscellanies (Sketches, Essaya, Anecdotes, Proverbs)

  3. Collected Works

  4. Periodicals not in other Classes

哈里士分类法 美国最初的分类表是一八七○年圣路意中学校图书馆（St. Louis Public School Library）馆长哈里士（William T. Harris）所发表的分类。

1. Science

2. Philosophy in General

3. Philosophies and Philosophers (a Ancient, d Early Christian, e Medern, s Special)

4. Metaphysics (4a Anthropology, 4b Psychology, 4c Logic)

5. Ethics

6. Religion

7. Bible

8. Commentaries

9. Theology, Doctrinal, Dogmatics

10. Devotional, Practical

11. Natural Theology

12. Religious and Ecclesiastical History

13. Modern Systems

14. Judaism

15. Mythology and Folk – Lore

16. Oriental and Pagan Religions

17. Social and Political Sciences

18. Jurisprudence

19. Law

20. International Law

21. Ancient, Feudal, and Civil Law

22. Common Law, Canon Law,

Equity

23. Statute Law, Reports and Digests

24. Constitutional Law and History

25. Law Treatises (Criminal, Martial, etc.)

26. Political Science

27. Legislative Bodies and Annals

28. Administration

29. Social Science

30. Economics

31. Education

32. Philology

33. Grammar and Textbooks

34. Dictionaries

Natural Sciences and Useful Arts

35. Natural Science (a Scientific Periodicals)

36. Mathematics in General (a Weights and Measures)

37. Arithmetic

38. Algebra

39. Geometry, Trigonometry, Calculus

40. Engineering (a Railroad Canal, etc. b Bridges and Roofs, d Military and Naval, etc.)

41. Mechanical (Steam Engines, Machinery, etc.)

42. Physics (General and Special)

43. Electricity

44. Chemistry

45. Astronomy

46. Natural History (a Biology, b Evolution, c Microscopy, d Collectors' Manuals, e Out – of – doors Books)

47. Physical Geography (a Land, b Water, c Atmosphere)

48. Geology

49. Botany

50. Zoology

51. Ethnology

52. Archaeology, Antiquities

53. Medicine

54. Anatomy, Physiology

55. Materia Medica, Pharmacy

56. Pathology, Diseases, Treatment

57. Hygiene (a Food, b Clothing, c Children, d Physical

Culture, e Public Health)

58. Amusements, Recreations

59. Useful Arta and Trades (a Exhibitions, b Patents)

60. Military Arts (e Naval Science)

61. Mechanic Arts and Trades (Building, Manufactures, Chemical Technology)

62. Commercial Arts, Business (a Bookkeeping, b Writing, c Printing, etc.)

63. Productive Arts (a Mining, b Agriculture, c Cookery, d Housekeeping, f Furniture, g Needlework)

Art

64. Fine Arts, General

65 . Fine Arts, History

a Architecture (5 subdivisions)

b Sculpture (3 subdivisions)

c Drawing (4 subdivisions) Painting (10 subdivisions)

d Engraving, Lithography, Etching

　1. Photography

e Art Works, Collections of

Pictures

f Minor Arts, Docorative and Industrial

g Music (11 subdivisions)

66. Poetry and the Drama, History and Criticism (a – w National)

67. English Poetry

68. Foreign Poetry and Drama

69. Prose Fiction

70. Juvenile Literature

71. Literary Miscellany

72, Fables, Anecdotes, etc.

73. Rhetoric Elocution

74. Orations and Speeches

75. Essays

76. Collected Literary Works

77. Literary History and Criticism

78. Bibliography (including Library Economy)

History

80. Geography and Travel, General

81. Geography (a Ancient, b Molern)

82. Voyages

83. American, Travels (11 sub-

divisions）

84. Europe, Travels（11 subdivisions）

85. Asia, Travels（6 subdivisions）

86. Africa, Travels（5 subdivisions）

87. Travels in Several Quarters（5 subdivisions）

88. Philosophy of History, Civilization

89. Historical Collections

90. Ancient History

91. History of United States

92. America at Large

93. British

94. Modern Europe

95. Asia

96. Historical Miscellany（a Crusades, b Battles, c Coins, d Costume, e Customs, f Secret Societies）

97. Biography（a Collective, b Individual, c Genealogy and Heraldry, d Names）

98. Cyclopedias and Collections

99. Periodicals, Newspapers, Journalism

雪华斯分类法 一八七一年,美人雪华斯（Tacob Schwartz）又发表记号分类表,名之曰:Munemonic System of Classification。此表于各类之首冠以字母,作为记号。即:

A. Arts, Fine and Useful

B. Biography

C. Customs

D. Drama and Poetry

E. Europe, History and Travel

F. Fiction

G. Government and Social Science

H. History

J. Jurisprudeuce

K. Language

L. Literature

M. Mental and Moral Science

N. Natural History

O. Oriental History and Travel

P. Periodicals

R. Reference and Tare Books

S. Science

T. Theology

U. United State History and Travels

V. Voyages and Travels

W. Works Collected

其细分时,再于字母之下加数字,即:

A. Arts, Fine and Useful

A1. Agriculture

A2. Carpentry

A3. Fine Arts, General

A4. Games

A5. Household Science

A6. Music

A7. Painting

A8. Sculpture

A9. Useful Arts

勃郎氏分类法 勃郎氏为英国人,一九〇六年所制分类表公于世。勃郎氏先将人类知识大别之为四类,即 Matter of Force, Life, Mind, Record 四种。以 Matter of Force 为宇宙之原动力;Life 即由此而生;由 Life 生出 Mind,由 Mind 生出 Record;此即彼之根本原理。于此附加 Generalia 而将各类加以论理学的细分。即:

A Generalia

B – D Physical Seience $\Big\}$ Matter and Force

E – F Biological Science

G – H Ethnology and Medicine $\Big\}$ Life

 I Economic Biology

J – K Philosophy and Religion

 L Social and Political Science

 M Language and Literature $\Big\}$ Mind

 N Literary Forms

O – W History, Geography $\Big\}$ Record

 X Biography

此各门尚可论理的细分,但其中须特别注意者是 A Generalia。

A – Generalia

A0. Generalia

A1. Education

A3. Logic

125

A4. Mathematics

A6. Graphic and Plastic Arts

A9. General Science

各门均从 000 到 999，分为一千纲目。兹揭其大纲于下，以供参考：

A – Generalia

A0. Generalia

A1. Education

A3. Logic

A4. Mathematics

A6. Graphic and Plastic Arts

A9. General Science

B, C, D – Physical Science

B0.   Physics, Dynamics

B1.   Mechanical Engineering

B2.   Civil Engineering

B3.   Architecture

B5.   Railways, Vehicles

B6.   Transport, Shipbuilding, Shipping

B8.   Naval and Military Science

C0.   Electricity

C1.   Optics

C2.   Heat

C3.   Acoustics

C4.   Music

C8.   Astronomy

D0.   Physiography

D1.   Hydrography Hydrostatics

D2. Meteorology Pnenmatics, Horology

D3. Geology, Petrology

D4. Crystallography Nineralogy

D6. Metallurgy, Mining, Metal Trades

D7. Chemistry

D9. Chemical Technology

E, F – Biological Science

EO. Biology

E1. Botany

FO. Zoology

G, H – Ethnology and Medicine

GO. Ethnology

G2. Human Anatomy and Physiology

G3. Pathology

G4. Materia Medica

G5. Therapeutics

G6. Functions, Organs, Osteology

G7. Nervous System

G8. Sensoy System

G9. Respiratory System

HO. Blood and Circulation

H1. Digestive System

H2. Urinary System

H3. Reproductive System

H4. Skin and Hair

H5. Parasitical and Infections Diseases

H6. Ambulance, Hospitals, Hygiene

H7. Physical Training and Exercises

K7. Protestantism, Episcopacy

K8. Nonconformist Churches

K9. Presbyterian and Other Churches

L – Social and Political Science

L0. Social Science

L1. Political Economy

L2. Government

L3. Central and Local Administration

L4. Law

L6. Criminology, Penology

L7. Contracts, Property

L8. Commerce and Trade

M – Language and Literature

M0. Language, General

M1. Literature, General

M2. African and Asiatic Language and Literature

M4. European (Latin, etc.) Literature

M5. European (Teutonic, etc.) Literature

M6. American Language

M7. Palaeography, Bibliography

M8. Printing, Bookbinding

M9. Library Economy

N – Literary Forms

N0. Fiction

N1. Peotry

N2. Drama

N3. Essays and Miscellanca

O, W – History and Geography

R6. Spain

R8. Portugal

S, T – Europe (North, Teutonic, Slavonic)

  S0. Russia

  S3. Austria

  S4. Hungary

  S5. Switzerland

  S6. Germany

  T0. Netherlands

  T1. Holland

  T2. Belgium

  T4. Scandinavia

  T5. Denmark

  T6. Norway

  T8. Sweden

U, V – British Islands

  U0. Ireland

  U2. Wales

  U3. England

  V0. Scotland

  V5. United Kingdom

  V7. British Empire

W – America

  W0. America, General, Canada

  W1. United States

  W5. Mexico

  W6. Central America

  W63. West Indies

W7.　South America

W9.　Polar Regions

X – Biography

　X0.　Collective and Class, Heraldry

　X2.　Portraits

　X3.　Individual Biography

加以 A0 Generalia 为例而细分之,则如下:

A0 Generalia

　000 Encyclopaedias, Dictionaries

　001 Collections(Polygraphy)

　002 Several Authors

　003 Single Authors(Collected Works) (Arrange by Biographical Numbers)

　004 Concordances

　006 Societies, Associations(Divide by National Nos.)

　007 Congresses, Festivals, Eisteddfod etc. General. (Divide by National Nos.)

　008 Exhibitions, Shows(Divide by National Nos.)

　009 Museums(Divide by National Nos.)

　010 Recipes

　011 Inventions

　012 Patents

　013 Specifications(Divide by National Nos.)

　014 Patent Agents

　015 Patent Offices or Departments(Divide by National Nos.)

　040 Annuals, Year Books

　050 Periodicals, General

　051 Magazines, General

052 Reviews, General

053 Newspapers, General

060 Chap Books, General

070 Broadsides, Leaflets, General (Note.—all Periodicals from 050 to 070, when on special subjects must be numb - ered with their Subject Numbers)

　除以上所举分类之外,美国国会图书馆的分类法也很重要。美国国会图书馆与大英博物馆之图书馆,巴黎之国家图书馆为世界三大图书馆。而美国国会图书馆其建筑之壮丽,规模之宏大,举世无匹。此图书馆所以名之为国会图书馆者,因其最初附属于国会。其在今日,不仅为国会之图书馆,而为国务卿直辖之美国唯一之国立图书馆。其馆长系由大总统直接任免;其经费每年为一千五百万圆;主要馆员约四百人;藏书约有四百万册;于普通的图书馆事务之外,尚处理关于版权的事务;且制作标准印刷目录卡片,广布于各处图书馆。此大规模的国会图书馆决定对于其全部藏书分类整理,研究古今一切分类法,而树立新分类法。

　美国国会图书馆,其最初之规模甚小,在一八〇〇年,仅设置于国会议事堂内;经一百年之星霜,至一八九七年,始迁移于今日之宏大壮丽的建筑物中。其创立之时,藏书不过九百六十四册及地图九张而已。第一任馆长约翰・培克来(John Beckley)将此等册籍分为四类,即:Folios, Octavos, Duodecimos, Maps。俟后藏书之数增加,至一八一二年,书籍已达三千七十六册,图表类已达五十三张。第二任馆长勃托力克・马克特尔(Patrick Macgruder)将此项书籍分为十八门,同类中之图书更依其形式而分。但至一八一四年因议事堂罹火灾,庋藏约四千册图书归于乌有。前大总统吉佛逊(Thomas Jefferson)捐赠其所藏书约七千册,遂为今日国会图书馆之基础。其图书之分类,成于捐赠者吉佛逊之手。大体上仿效培根之分类,分为四十四门。同部门中之图书,照书名之

ABC 顺序排列整理。此种分类,后任馆长米亨(John Silva Mee-han)和斯巴富尔得(A. R. Spofford)曾施以改良,直至十九世纪之终尚继续行之。但至一八九七年三月一日,国会图书馆新建筑落成,迁移新居之后,遂感觉创立新分类法之必要。当时美国各地图书馆正广行十进分类,而克氏之第六分类表亦已公布,两者皆各有便利,附于理想;故当创新分类时,对此两种分类,究采何者为便,颇费斟酌,而该馆如完全采用任何一种又为事实所不许,故遂毅然决然制定新分类表。

国会图书馆所制定之分类表,是基于各种为知识及图书之分类编成的分类法而施以订正扩大而成的。即就现任馆长伯特曼(Herbert Putnam)之序文观之,亦可知本表为将台马尔及哀气斯般叔以及其他现存诸法比较研究结果之产物。序中有云:"本表乃鉴于特殊之事情,察现在及将来藏书之性质,并考虑其使用之状况而制成的;同时,乃预想在将来历史,政治,社会等图书日益加多,对于研究家必更自由开放书库一点而制成的。"但大体上不过基于克氏之分类而施以多少之改订而已。而其改订颇为人为的,对于克氏之分类特征,所谓自然的历史的两点,全然漠视。此点伯特曼亦加说明云:"新分类法全不置重所谓图书标题之学术的次序,而依为图书之集合和便宜的顺序分类的。"故分类上之各类有ABC 记号,依此记号整理以外,无何等论理的顺序或关系。从而此分类之任意细分,无一贯的论理上之主义和原则可言,故欲概括说明分类方法为不可能。欲明究竟,则舍就该馆所发行的分类表直接研究外别无他法。此分类表制订庞大,有十数册,厚达一尺以上,欲通览之,颇费时日。若举一例,则 H 项社会科学中之一纲 J政治学一门已达三百四十页;其中十九页为纲要,其索引在全体二百六十四页中占五十二页。此书每页约有四十项目,故在全体中,对于政治学一纲无虑有一万以上之细目。兹介绍其一端于下:

A   General Works, Polygraphy

B   Philosophy, Religion

C   History – Auxiliary Sciences

D   History and Topography(Except America)

EF   America

G   Geography, Anthropology

H   Social Sciences

J   Political Sciences

K   Law

L   Education

M   Music

N   Fine Arts(Architecture, Graphic Arts)

P   Philology(Language and Literature)

Q   Science

R   Medicine

S   Agriculture, Plant and Animal Industry

T   Technology

U   Military Science

V   Naval Science

Z   Bibliography and Library Science

~~~~~~

J   Political Science, Documents

JA   General Works

JC   Political Theory: theory of the state

JF   Constitutional History and Administration

JK   United States

JL   British America, Latin America

JN   Europe

JQ   Africa, Asia, Australia, etc.

JS   Local Gevernment

JU   Colonies and Immigration

JV   Emigration and Immigration

JX   International Law

~~~~~~~~~~~~~~~~~~~~~~~~~~~~~~~~~~~~~~

JC Political Theory: theory of the state

21 – 45   The Primitive State

47 – 50   The Oriental State

51 – 89   The Ancient State

101 – 126   The Mediaeval State

131 – 299   The Modern State

301   Origin of the State

301 – 323   Nation and Territory

325 – 347   Nature, Entity, Concept of the State

348 – 499   Forms of The State

501 – 628   Special Relations of the State

凡此各类,最后均可任意细分的,兹举一例如下:

JC 51 Ancient State, General Works

52 History of Theory

55 Special Topics, A – Z

61 Assyro – Babylonian Empire(Code of Hammurabi)

66 Egypt

71 Greece, Contemporary Treatise Aristotle

. A 4 – 6 Texts

. A 7A – Z Criticism, etc.

72 History, Early Works

73 General History of Institutions

74 History of Theory

75 Special, by Subject, A – Z

77 Political Parties

79 Local, A – Z

81 Rome, Contemporary Treatises Cicero

. C4 – 6 Texts

. C7A – Z Criticism, etc.

Plinius Caecilius Secundus

. P4 – 6 Texts

83 History, General, History of Institutions

84 History of Theory

85 Special by Subjects A – Z

88 Special by Period.　The Republic

89 The Empire

此分类之记号,在总类,用字母一字;在大类,更添加一字母;在中类时,用由一为始的数字。(其数字照算术的读法)如此,二字母和四位数字遂为记号之最长限度。

T Technology

TA Engineering

1 Periodicals, America and English

2 French

3 German

4 Other

TC 353 Sea Locks

355 Docks

357 Piers, etc.

Th 7561 Steam Heating of Building

7562 Pocket Books

7565 Theory

此外对于同类中之细别,尚有种种记号;但其主要者,是加添于 G 之地理,H 之社会,T 之工艺,及 U 和 V 之兵事之地名记号。

克德氏分类法 克德氏生于一八三七年,年十八毕业于哈佛大学,一八六〇年担任哈佛大学图书馆职员,潜心目录之学,俟任编目部主任。一八六八年任波士顿专门图书馆主任(Boston Athenaeum),任职二十五载,馆务益臻完善。波士顿图书馆有书目五巨册,编目,分类,校对,费十余载,始克藏事。一八七六年被选为美国图书馆协会会长,每开会必亲与会。一八八一年至一八九三年任图书馆学报编辑,一八九四年任麻省 Mass., Northampton, Forbes Library 图书馆长,一九〇三年卒。

克氏(Charles A. Cutter)之分类表,一八九一年始发表公布。在自来的分类中,此表可谓为最论理的,最学术的。书名为 Expansive Classification Part 1:the First six classification。所以名为展开者,因其表在应用时可以任意伸缩,图书之数少者可施以极概略的分类;图书增加时,可渐次施以精密的分类。克氏为达此目的,制成从第一分类表,至第七分类表七种分类表。但第七分类表尚未完成,而克氏已殁,现多数专门家正继承其遗志。兹将第一分类表列下:

A　General Works

B　Philosophy and Religion

E　History

H　Social Science

L　Sciences and Arts

X.　Language

Y　Literature

YF Fiction

因只有八门,故于藏书之数极少的图书馆,能相适应。在第二分类,A、B 不变动,其他各门则个个加以细分;如:

138

L 之 Sciences and Arts 为

L　Physical Sciences

M　Natural History

Q　Medicine

R　Useful Arts

V　Recreative Arts

W　Fine Arts

已显著的扩张。以下第三分类,第四分类皆以此方法而扩张。即第二分类之 R Useful Arts 在第三分类成为:

R　Useful Arts in General

S　Engineering and Building

T　Manufactures and Handicrafts

U　Defensive and Preservative Arts

S 之 Engineering and Building 在第四分类成为:

D　Engineering and Building

SJ Sanitary Engineering

SL Hydraulic Engineering

ST Transportation in General, Roads

SV Railroads

SZ Aerial Navigation

在第五分类更分为:

S Engineering

SG Building

SG Building 在第六分类展开而为:

SG Building

SGB Building Laws

SH Carpentry

SHH Stairs

SI Painting and Glazing

SIV Varnishing and Gilding

SIW Papering

SIX Bell – hanging

此表之大纲如下：

A General Works

AD　Dictionaries

AE　Encyclopedias

AI　Indexs

AM　Museums(General)

AP　Periodicals (General)

AQ　Quotations

AR　Reference Books

AS　Societies(General)

B Philosophy

BG　Metaphysics

BH　Logic

BI　Psychology

BM　Moral Philosophy

BR Religion

BS　Natural Theology

BT　Religions

BU　Superstitions, Folk – lore

C　Christianity and Judaism

CA　Judaism

CB　Bible

CC　Christianity

CE　Apologetical Theology

CF   Doctrinal Theology

CK   Ethical Theology

CP   Ecclesiastical Polity

CR   Ritual Theology

CX   Pastoral Theology

D   Ecclesiastical History

E Biography

F History (with Local List)

FF   Antiquities

FN   Numismatics

FS   Chivalry

FV   Heraldy

G Geography and Travels (with Local List)

H Social Sciences

HB   Statistics

HC   Economics, Political Economy

I   Demotics, Sociology

IL   Education

J   Civics, Political Science

K.   Legislation

KW   Woman

KX   Societies(Not otherwise provided for)

L Sciences and Arts Together

LA Sciences(Natural)

LB   Mathematics

LH   Physics or Natural Philosophy

LO   Chemistry

LR   Astronomy

M   Natural History

MB   Microscopy

MC   Geology

MD   Mineralogy

MG   Physiography

MQ   Paleontology

MV   Biology

N   Botany

O   Zoology

PW   Anthropology and Ethnology

Q Medicine

R Useful Arts, Technology

   RA   Exhibitions

   RB   Patents

   RC   Metric Arts

   RCZ   Extractive and Productive Arts

   RD   Mining

   RF   Metallurgy

   RG   Agriculture

   RJ   Animaliculture

   RQ   Chemical Technology

   RT   Electric Arts

   RY   Domestic Economy

S Constructive Arts:

   SG   Engineering

   SH   Building

   SJ   Sanitary Engineering

   SL   Hydraulic Engineering

ST	Arts of Transportation
T	Fabricative Arts
U	Art of War
UN	Nautical Arts
V	Athletic and Recreative Arts Fine Arts
VV	Music
W	Art, Fine Arts
WC	Museums, Galleries, etc.
WD	Plastic Arts
WE	Landscape Gardening
WF	Architecture
WJ	Sculpture
WL	Arts of Design
WM	Drawing
WP	Painting
WQ	Engraving
WR	Photography
WS	Decorative Arts
	Arts of Communication Language
X	English Language
XII	Language in General
XX	Oratory
Y	English and American Literature
YD	Drama
YF	Fiction
YJ	Juvenile Literature
YP	Poetry
YII	Literature in General

Z   Book Arts

ZA   Authorship

ZD   Writing

ZH   Printing

ZN   Private Libraries

ZP   Public Libraries

ZT   Bibliography

ZY   Literary History

更采 N, Botany, 及 SG, Building 为例而展开之则如下:

N Botany

    Na Botanical Gardens, Herbaria

    Nb Phytology Theoretical Botany

    Nc Phytography, Descriptive Botany

    Nd Cryptogams

    Nr Phanerogams

    NW flowers, Fruit and Coloured Leaves

    NX Sylvae

    NY Insectivorous and Parasitic Plants

    NZ Economic and Medical Botany

SG Building

    SCb Building Laws

    SH Carpentry

    SHh Stairs

    SI Painting and Glazing

    SIv Varnishing and Gilding

    SIw Papering

    SIx Bell – hanging

克氏式之分类记号是使用字母的纯粹记号。以一字母表示主要的门;对于各门之细目,更加添一字母以别之,故各门方可分为二十六类。

A General Works

B Philosophy

Br Religion

C Christianity and Judaism

D Ecclesiastical history

E Biography

F History

G Geography and travels

H Social science

I Demotics, sociology

J Civics, government, political science

K Legislation

L Sciences and Arts

M Natural history

N Botany

O Zoology

P Vertebrate

Q Medicine

R Useful Arts

S Constructive arts(Engineering and building)

T Fabricative arts(Manufacturing and handicraft)

U Art of War

V Athletic and recreative arts

W Art, Fine arts

X English language

Y English and American literature

Z Book arts

克氏之分类经研究之后有数种利益：

一、纲目清晰

二、富有学识经验

三、理论与事实兼顾

四、所采名辞新颖

五、应用变化甚广

六、符号明了

七、第一式分类法简要易记

八、不致混乱

九、符号便于书写

克氏之分类法虽有很大的利益，同时也有弊端，兹举如下：

一、第六式分类法复杂不易记

二、还书时时间浪费

三、各类详略不能平均

四、无详细之索引

克氏之第七式分类未完成，故其索引亦未曾制作，是其欠缺之处。然克氏之分类法不论大小图书馆均能利用乃其特长。

杜威十进分类法 杜威分类法，完全用数目字，以十进为标准。其分类之号码亦含有意义。例如总类以 0 代之，哲学为学问之宗以 1 代之，宗教为信仰之宗，以 2 代之，3 为社会科学，4 为语言文学，5 为自然科学，6 为应用科学，7 为艺术，8 为文学，9 为史地。兹举其大类及中类分类表如下：

000.   General Works

  010.   Bibliography

  020.   Library Economy

  030.   General Cyclopedias

  040.   General Collected Easays

146

148

890.　Minor Languages

900.　History

910.　Geography and Travels

920.　Biography

930.　Ancient History

940.　⎫　⎧Europe
950.　｜　｜Asia
960.　｜　｜Africa
970.　⎬Modern⎨North America
980.　｜　｜South America
990.　⎭　⎩Oceanic and Polar Regions

如以 620Engineering 为例,更细分之则如下:

620. Engineering

621. Mechanical

　621.1 Steam Engineering

　　621.11 Mechanism of Steam Engine,etc.

　　621.12 Marine Engines

　　621.13 Locomotives

　　621.14 Traction Engines

　　621.15 Portable Engines

　　621.16 Stationary Engines

　　621.18 Steam Generation, and Transmi ssion

　　621.19 Steam Boiler and Power Plants

　621.2 Hydraulic Engines or Motors

　621.3 Electric Engineering

　621.4 Air and Gas Engines and other Motors

　621.5 Air Compression or Rebrection

　621.6 Blowing and Pumping Engines

150

621.7 Mills, Factories Engineering Works

621.8 Principles of Mechanism

621.9 Machine Tools

622. Mining

623. Military and Naval

624. Bridges and Roofs

625. Railroad and Road

626. Canal

627. River, Harbor, and General Hydraulic

628. Sanitary

629. Other Engineering Industries

基于杜威的十进法而仿效之者,有普林斯顿大学图书馆(Prinston Univ,Library)。在此图书馆内使用四位数字。

此外有不鲁塞尔的十进分类表,亦称 Brussel's expanded decimal。在一八九五年,以拉丰那(La Fontaine)阿托尔(Otlet)二人之主唱,在不鲁塞尔开第一次万国图书馆会议(International Conference of Librarians)。此会议之结果,在不鲁塞尔设置万国书志学会(International Institute of Bibliography)。此后每月出报告一次,题为 Bulletin de Bibliographie。认为杜威式十进分类法为最适合于其目的而采用之。

三　日本图书分类法

日本之图书分类法当以帝国图书馆之使用为最早,其他各公立私立图书馆仿效之。但其配置或有多少之出入。

帝国图书馆,在创立当时,将藏书先大别为和书门,汉书门,洋书门三门;其分类各异:即和书门依"本朝书目"之旧式分类法;汉

书门大体上依"四库全书总目提要"之分类法;洋书门则分为:

Philosophy and Theology

Political and Social Science & Commerce

Education

School Text Books and Miscellaneous Charts

History and Biography

Geography and Travels

Literature and Languages

Fine Arts

Natural Science and Useful Arts

Dictionaries, Encyclopaedias and Books of Reference

十门;但至明治十七年顷,又改为十八门。此即该馆现行分类法之基础。所谓十八门者,即:哲学及教育,神学,文学,语学,历史传记及地志纪行,政治及社会科学,法律学,数学,博物学,医学,工学,军事学,产业,美术,娱乐及体操,字书及百科辞典,杂书及丛书,杂志,其细分如下:

Class I Philosophy and Education

    Div. 1 General and Miscellaneous Works

    Div. 2 Psycbology

    Div. 3 Logic

    Div. 4 Ethics

    Div. 5 Education

    Div. 6 Educational institutions, Reports etc.

Class II Theology

    Div. 1 General and Miscellaneous Works

    Div. 2 Buddhism

    Div. 3 Christianity

    Div. 4 Mohammedanism

Div. 5 Mythology

Class Ⅲ Literature

Div. 1 General and Miscellaneous Work

Div. 2 Poetry and Drama

Div. 3 Essays, Criticism, Orations, etc.

Div. 4 Quotations, Anecdotes Extracts, etc.

Div. 5 Fiction and Juvenile Literature

Div. 6 Libraries' and Book – Seller's Catalogues, Reports, etc.

Class Ⅳ Philology

Div. 1 General and Miscellaneous Works

Div. 2 Phonography, etc.

Div. 3 Rhetoric and Composition

Div. 4 Grammar

Div. 5 Speller, Primer and Reader

Div. 6 Conversation

Class Ⅴ History, Biography, Geography and Travels

Div. 1 General and Miscellaneous

Div. 2 History

Div. 3 Biography

Div. 4 Geography

Div. 5 Travels and Voyages

Class Ⅵ Political and Social Science

Div. 1 General and Miscellaneous Works

Div. 2 Politics

Div. 3 Political Economy

Div. 4 Social Science

Div. 5 Statistics

Div. 6 Transactions, Reports, etc.

Class VII Jurisprudence

    Div. 1 General and Miscellaneous Works

    Div. 2 Constitutional and Statute Law

    Div. 3 Common Law

    Div. 4 Roman and Modern Civil Law

    Div. 5 Natural and International Law

    Div. 6 Reports

Class VIII Mathematics

    Div. 1 General and Miscellaneous Works

    Div. 2. Arithmetic

    Div. 3 Algebra

    Div. 4 Geometry

    Div. 5 Trigonometry and Mathematical Tables

    Div. 6 Conic Sections and Calculus

Class IX Physical Science

    Div. 1 General Miscellaneous Works

    Div. 2 Physics

    Div. 3 Mechanics

    Div. 4 Chemistry

    Div. 5 Astronomy

    Div. 6 Meteorology and Physical Geography

Class X Natural History

    Div. 1 General and Miscellaneous Works

    Div. 2 Zoology

    Div. 3 Botany

    Div. 4 Mineralogy

    Div. 5 Geology and Paleontology

Class XI Medical Science

155

Div. 4 Printing and Pyotography

Div. 5 Music

Div. 6 Amusements and Gymnastics

Class ⅩⅥ Dictionaries and Encyclopaedias

Div. 1 General and Miscellaneous Works

Div. 2 Philosophy and Education

Div. 3 Theology

Div. 4 History, Biography and Geography

Div. 5 Politics and Jurisprudence

Div. 6 Sciences and Arts

Class ⅩⅦ Miscellaneous and Collected

Works

Class ⅩⅧ Periodicals

然此十八门,其后因为门目过多,当作成阅览图书或增加图书数之统计时,烦琐不便,乃约为八门,所谓八门者,即:

第一门　神书及宗教

第二门　哲学及教育

第三门　文学及语学

第四门　历史,传记,地志,纪行

第五门　国家,法律,经济,社会,统计

第六门　数学,理学,医学

第七门　工学,兵学,美术,诸艺,产业

第八门　事汇,丛书,随笔,杂书,杂志,新闻纸

此分类创始于帝国图书馆;帝国图书馆在日本所谓近代式图书馆中,起源最古,其后起之各地图书馆管理法咸取法于该馆,即在图书分类上,亦大都采用其所创始之分类法,或加以多少之改订。然而帝国图书馆之分类,是图书目录上之分类,不载记号,故对于书架上之整理,不能立刻适用。

日本之帝国图书馆分类过细对于地方之小图书馆往往不能适用,故改造十进分类法以适合地方之需要,乃成必然之事,兹将山口县立图书馆所用之分类法列表如次:

000　总记

　　010　书目

　　020　事汇

　　030　丛书

　　040　随笔

　　050　杂志

　　060　新闻

　　070　乡土志料

　　080　少年文学

100　哲学

　　110　宗教

　　120　神书

　　130　佛教

　　140　基督教

　　150　论理学

　　160　心理学

　　170　伦理学

　　180　中国哲学

200　教育

　　210　教育学

　　220　实地教育

　　230　普通教育

　　240　师范教育

　　250　高等教育

　　260　特殊教育

270　学校卫生,体育,游戏

280　社会教育

300　文学语学

310　国文学(案指日本文学)

320　国文(案指日文)

330　汉文学

340　欧美文学

350　小说

360　论说讲话

370　语学

380　国语

390　外国语

400　历史,传记,地志

410　国史(即日本史)

420　中国史

430　亚细亚,亚美利加诸国史

440　欧罗巴诸国史

450　传记,纪行

460　地志

470　本国志

480　外国志

500 法制,经济

510　国家学

520　法律

530　古代法制

540　经济

550　财政

560　社会

860　音乐

870　诸艺游技

900　产业,家政

910　农业

920　园艺

930　山林牧畜

940　水产渔业

950　蚕业

960　商业

970　交通

980　工艺

990　家政

分类方法　专门学问之书,每多研究余地,故对于分类之时,不可轻忽,思想必须缜密,中西学问须有根底,方可从事研究。遇有疑难,或参考各书或就正有道,专心壹志,方可有成。

一、图书分类重在性质,故一书入手,不可但观外面名称,遂即下断语。外面之名称有时与内容不相符合,须参看序文及说明及目录等,方可着手。

二、分类之时须依系统,须前后顾到,毋相矛盾,毋乱层次。

三、分类之时须注意书之大部分属于何类,如某册书籍一部分为工程,一部分为卫生者,视其性质之所宜而分类。

四、学术研究虽不必分国籍,而关于语言,文学,史地诸书亦有分别之必要。遇此种分类须重国体,本国在前,其余各国在后。

五、研究分类方法,同时须研究阅者之心理,以何种分类为最易检查,如拘泥其次序,而忽略相习之观念,则寻查之时,殊多不便。有背习惯,利用乃小。

六、适合图书馆之性质。如其为特别图书馆,则所搜集之书均与此有关,故对于该项分类应即特别注意。

七、分类之时对于所分之书,虽不必精心阅读,但亦不可不将各类大纲,涉猎一过。平时如能将各类纲目,立一系统更善。

排列方法 图书排列方法不同,其始毫无效率,渐进而为粗具规模,终则秩序井然。近代图书馆中图籍之排列,由于渐进而来,其次序可略言如下:

一、依登记次序排列 凡新到之书即以登记次序而排列之。先到之书在前;后到之书在后。惟不便检查。后到之书尚可记得,惟先到之书,已印象模糊矣。故以登记次序而排列也有弊端。

二、依大小次序排列 书之排列大者在前,在左;小者在后,在右。法国及美国之图书馆中亦有采用此制者。惟书之性质与其大小,往往毫无关联故检查不便。

三、依字母次序排列 依字母排列检查较便,一八九八年勃朗氏(Brown)所著之 Manual of Library Classification 中有谓英美图书馆有分为六大类,或十大类者,其排列照著者之名字,以字母之先后为序。

四、不动次序 规定图书馆内某架,某板,某处,排列某种书籍,不得更动者称为不动次序。对于不再加增书籍之藏书楼可以适用此制。庙宇中之藏经往往采用此法。如某部书籍骤然增加,势必更动全局。一八七九年六七月美国图书馆月刊曾载此项之研究。普尔(Poole)先生主管波士顿图书馆(Boston Athenaeum)施行不动之次序排列,十三年内,因美国史增加之故,另置书架,更动全部者三次。

五、相对次序 排架之时不受书架及地位之限制,其存放亦如卡片之制,有伸缩之余地。但书之排列,依其性质而分。所有书籍,一次分类已足,不必再事更张。此种方法现已通用,惟各家之利用不同。

著作人号码 著作人号码西文者多用克德氏著者号码表,克氏之表共十六页,每面长一英尺余,宽六英寸,容万余姓名,每一姓名附一号码。

王云五氏发明西文姓名用数目字排列,只用一表,以一号码代表一字,其式如下:

0	1	2	3	4	5	6	7	8	9
A	B	C	D	E	F	G	L	M	S
OH	P	K	T	IJY	UVW	Q	R	N	XZ

上表每一号码代表数位字母,除 ABCDEFGLMS 十位字母依次排列外,其余字母排列亦有相当关系。例如 Henry 一字即为 4708,Monroe 一字为 8087。如果将全名译出 Henry O,B 则为 048,710,Monroe,Paul A 则 808710,如用六位号码过多,不如用四位。

此种方法因一号码代表数字,易致混淆,不如用克德氏之清晰也。

中文著者号码 王云五氏利用四角号码以代表著者号码。

杜定友氏编制著者号码表行事,用途最广,其应用亦便利,而无混淆之弊,可参阅杜氏《著者号码表》。

第十七章　编目方法

图书馆内重要工作之有需于积极的进行者为编目的工作。自购书以后至于到读者的面前阅读,这其中编目员要负一大部分的责任。编目的工作有一种重要性和永久性。在我国现行的编目工作,事实上可以分为两部分,一为中国文字书籍的编目,一为西文书籍的编目。

编目室的设备　编目室以与他办公室接近为最合适。最好为混合之一大室,或为连结他室的一部,与购订股,分类股同在一层楼,同时目录处亦不能与编目室相隔过远,否则来往奔走,殊多不便。编目室又当与书库接近。最重要者为米去之时,不宜经过阅览室。至于光线的布置,空气的流通,也是主要的条件,因为编目员的工作需用目力的时候过多。

图书馆之小者,或于上述未能尽合,但其地位的安静,以及其与书库与目录处的连结,则不可否认。编目室中应有编目员及抄录员用的桌椅,宽裕的走道以便运书,多留书架,以便书之移动。下列各种设备不可缺少。

一、参考书的书架。

二、书目卡片目录箱。

三、洗涤器具。

四、运书车。

五、应用文具如打字机等。

编目室的应用参考书可置架上,检阅时极为便利。但购买参考书用费虽大,亦是极好的预备,缺乏参考书每足耗费无数的时间和精神。

中文书籍编目　编目之时所最宜注意者有四项卡片,即分类片,书名片,著者片,译者片,无译者则不用译者片。如为合著之人,则用合著片。

编目开始,多用卡片,以其便利,而易插入,伸缩有余,不受限制,更改便利,不损他片,故编目时均以之为根据。所用卡片大小须一致。勿太大,太大则浪费,勿太小,太小容易脱落。卡片之下有一纸洞,可以穿连,以免遗失。

凡一卡片可以分为 ABC 三区,A 区为号码或符号开始书写之处,B 区为着重标题处,如以著者为题者,则著者之名即从此开始,如以书名为题者,则书之名即从此开始。C 区为其他各种书写之记载区域。

卡片的制造欧美各国都有专业。中国上海图书馆服务社及其他各印刷纸店均可制造。

兹将书本式之目录利益分别列下:

一、印刷成书,便于分布,穷乡僻壤,人各一篇,能知图书馆之内容。

二、因事务在身不能来图书馆参观者,一读目录,便知内容。如能通信借书,此制尤佳。

三、创立图书馆或研究图书馆学者,得此目录可为借镜。

四、印刷成书,不啻为图书馆之广告,无论远近,皆可得知。

五、书本式的目录,可彼此互观,收切磋之功。

凡一样事件有利益,也同时发生了弊端,书本式的目录也是如此。但是也不能因为有了弊端就损失了他的原来价值。兹将书本式的目录的批评列下:

一、印制成册往往需用时间,所有续到书籍,不能随时插入。

二、增加新书,不能补印;补印过多,检查不便,时间荒废。

三、书本目录发见错误,不能立时更改。

四、印刷目录费用较大,编辑,校对,手续繁多。

书本式的目录既然有这些批评,所以有许多人主张用卡片式目录了。卡片式的目录是活动的,是便于检查的,不过比较的笨重。卡片式的目录利益如下:

一、卡片形式简单,运用便利,若有新增,随时插入。

二、卡片目录修改便利。

三、易于按序排列。

四、馆内书籍如有遗失,书目即可抽出。

五、编辑书目或检查书目,时间上均极便利。

六、卡片目录多用抽屉存放,外有标目,内有引得,形式上颇为美观。

七、检查便利。

卡片式的目录也有批评。在小的图书馆内运用是没有多少问题,惟大的图书馆假如只有卡片式的目录,他的效用就减少多了。卡片式的缺点就在只有一份目录在图书馆,而且不能拿走的。

一、不能携出馆外,以供流传阅览。

二、不能与其他图书馆互相交换。

三、不能广布。

四、每张卡片之上只能注明一书。

五、不能同时多人检阅。

六、稍欠检点,易于杂乱,或遗失。

分类卡片　　分类卡片之形状有如书名卡片,不过记载有时而异。分类卡片之重要者在审定书名,以其性质不同,其所用之名称亦异,约言之书名可以分为以下各种:

御定　　　　　　增修

续　　　　　　　重修

续定	原本
御批	足本
钦定	节本
御纂	笺注
御注	增广笺注
注释	校刊
详解	精选
绘图	重订
纂图互注	新著
重刊	影印
抄本	榻本

至于著者之名称,亦以其所用之方法而不同,有称为以下各种名词者。

辑	校订	节	合著
审定	鉴定	校	合编
编	考订	补	主编
纂	著	注	集
评	编著		

		乡 村 教 育
	张	宗麟 全一册 世界书局 二十二年三月三版 $0.95 ○

著者卡片 著者卡片为编目之开始,书必有著者,此乃尽人皆

知,但书也有无著者的,为便利起见,或者以出版家为著者,或者以书名为著者,这是看情形而定的。著者为一人,或二人,或一团体,均可标明。

著者卡片的目的,在于检查书籍的时候,只记得著者,就可藉此检查了。因著者多为读者所注意的。在著者的卡片上,必须书明著者的姓名,书名,印刷年月,出版地,出版期,以及版本,书价等项,其例如下:

	武	葆邨
		民众教育 全一册 世界书局 二十二年五月 ＄1.25 ○

书名卡片　书名卡片的目的,在于标出书名,书的名称以第一字开始记入。书名内应该书写的有书名,著者,译者,印刷者,编目号码及姓名号码。

		健康教育
	屠	镇川 全一册 世界书局 二十二年二月三版 ＄0.85 ○

丛书卡片　丛书者多册书籍连属于一系,同时或分期出版。在制作卡片之时,其下应注明丛书名称,标明卷数,如制总片一张可将丛书各册名称继续书下,迄于第二第三等各卡片。

译者卡片　译者及著者可做二张卡片,例如:

	谌	亚达译 JEAN BRUNHES 著
		人文地理学 全一册 世界书局 二十二年十月 ＄2.15 ◯

JE	AN BRUNHES 著　谌亚达译
	人文地理学 全一册 世界书局 二十二年十月 ＄2.15 ◯

字典式目录　字典式目录者,须将其全部之卡片,排列有如字典,秩序既定,安插自易,兹将通常排列规则,列之如下:

一、将各种卡片书名,著者,种类合并起来。

二、第一字同者以第二字次序之,余可类推。

三、同姓名者以书名笔划次第之。

168

四、同书名者以版次版期次第之。

五、以字母排列之。

六、以四角号码数目自然次序排列之。

七、以字形方位排列之。

八、用指引卡,以醒眉目。

西文书籍编目 西文书籍编目第一要注重用字,关于人名称呼的缩写方法均有规定,此外地名缩写也有规定。在卡片上所用的标点都须注意,不可忽略。普通西文书籍的编目工作,大概可以分为著者卡片,标题卡片,合著卡片,主编译者卡片,书名卡片,局部书名卡片,丛书卡片和分析卡片,八种,分别述之如下。

著者卡片 著者卡片的目的是以著者标明在前,为使读者在利用时便于检索。卡片之大小为 7.5×12.5 公分,其式如下:

	Moo	re , Thomas , 1779—1852
		Complete poetical works. . with explanatory notes and biolog-
	ical	introduction ; standard libraryed. , N. Y. Crowel 1895
		800p , port. 20cm
		◯

著者卡片内所注明者为著者,卷数,出版日期,版权日期,页数,版本大小,出版地点等项。

关于人名之称呼在于人名之前者有:

Adm	Maj.
Capt.	Mrs.
Gen.	Robbi
Hon.	Rev.

Mme	Sir

在于人名之后者有：

Abbé	Jr.
Abp	M. O.
Bart	Pope
Bp	Pres.
Card	St.

D. D

各书名在排列之时，有下列各字，指件字者，一律不计。

英　　文 the, a, an

丹文, 挪威文, 瑞典文 den, det, de, en, et, ett

荷　兰　文 de, het, 't, een, eene

法　　文 le, la, l', les, un, une

德　　文 der, die, das, ein, eine

匈牙利文 az, a, egy

意大利文 il, lo, i, gli, gl', la, le, l', uno, un, una, un,

葡萄牙文 o, a, os, ar, um, uma

西班牙文 el, lo, la, los, un, una

至于登录出版地点之时，地名亦可用缩写如：

Albany	Alb.
Amsterdam	Amst.
Baltimore	Balt.
Berlin	Ber.
Boston	Bost.
Braunschwig	Brns.
Cambridge	Camb.
Chicago	Chic.
Cincinnati	Cin.

Copenhagen	Copng.
Dublin	Dub.
Edinburgh	Edin.
England.	Eng.
Firenze	Fir.
Glascow	Glasg.
Göttingen	Göt.
Kjøbenhavn	Kjøb.
Leipzig	Lpz.
Leyden	Ley.
Hondon	Lond.
Lugduni Batavorum	Lug. Bat.
Milano	Mil.
Milwaukee	Milw.
München	Mün.
New Orleans	N. O.
New York	N. Y.
Oxford	Ox.
Paris	Par.
Philadelphia	Phil.
St. Louis	S. L.
St. Petersburg	St. Pet.
San Fransisco	S. F.
Stuttgart	Stut.
United States	U. S.
Venice	Ven.
Washington	Wash.

标题卡片 标题卡片与著者卡片不同,其上有标题,例如:

		U. S. – HISTORY – REVOLUTION,
	Tre	1775—1783. velyan, Sir G: O: bart, 1838 – American revolution; new ed. . . N. Y. Longmans, 1905 3v. maps, 21cm. ○

关于标题如何选择可参见标题一章,人名所用缩写,普通有以规定,以代表测知其名,列表如下:

A:Augustus

B:Benjamin

C:Charles

D:David

E:Edward

F:Fredcrick, Frederic

G:George

H:Henry

I:Isaac

J:John

K:Karl

L:Louis, Lewis

M:Mathew

N:Nicholas

O:Otto

P:Peter

R:Richard

S：Samuel

T：Thomas

U：Uriah

V：Victor

W：William

X：Xavier

Z：Zachary

A：Anna

B：Beatrice

C：Charlotte

D：Delia

E：Elezabeth

F：Fanny, Fannie

G：Grace

H：Helen

I：Isabella

J：Jane

K：Katherine, Kate

L：Louise, Louisa

M：Mary

N：Nancy

O：Olivia

P：Pauline

R：Rebecca

S：Sarah

T：Theresa

U：Ursula

V：Victoria

W：Wilhelmina

Z：Zenobia

普通修改校正时所用之缩写字为：

an = analytic

comp = compiler

ed = editor

gen 2dary = general Secondary

illus = illustrator

jt auth = joint author

pt t = partial title

ser = series

t = title

tr = translator

互相参见卡片　因名词有不同,为便利起见,可制作互相参见卡片,如：

		ORNITHOLOGY , see
	BIR DS	
		○

174

		ORNITHOLOGY
	BIR	to be found in this catalog under DS. ◯

		LEGENDS, see also
	MY FAI FAB FOL ANI	THOLOGY RY TALES LES KLORE MAL LORE ◯

		LEGENDS, see also.
	ANI THO	MAL LORE; FABLES; FAIRY TALES; FOLKLORE; MY- LOGY ◯

		LEGENDS.
		Material on this subject will also be found under
	MY	THOLOGY
	FAI	RY TALES
	FAB	LES
	FOL	KLORE
	ANI	MAL LORE
		○

书名卡片　书名卡片的目的在于标出书名如下：

		Chatrian, Alexandre, 1826 – 1890, and
		Erckmann, Emile,
	Erck	mann, Emile, 1822 – 1899, and chatran,
		Alexandre
		○

		(The) Virginians: a tale of the last
		i. e. the 18th, century. 1896
		2v.
	Tha	ckeray, W. M.
		○

176

编者纂者译者卡片　书籍有主编,纂编之别,编者卡片以编者姓名列于第一行,注明编者纂者,或译者。如:

	Whi	te , Gilbert, 1720－1793
	Selb	Natural history and antiquities of
	War	orne ; de... by L. C. Miall and W.
		de Fowler N. Y. Putnam , 1901.
		386p facsims. 19cm
		◯

		Miall , Louis Compton 1842.
	Whi	ed.
	Selb	te , Gilbert.
		Natural history and antiquities of
		orne.
		◯

合著卡片　二人合著之书,著者均须标明,登入卡片之内,其式如下:

		Chatrian , Alexandre , 1826－1890
	the	Books by the author will be found in this catalog under
	Ale	heading Erokmann , Emile , 1822－1899 , and Chatrian ,
		xander.
		◯

姓名参考　有时著者不止一姓名,或用笔名,或有外国文译名,则另制姓名参考片。如:

		Braun,　　see also
	Bro	wn, and Browne
		○

		Brown,　　see also
	Bra	un, and Browne
		○

		Browne,　　see also
	Bra	un, and Brown
		○

178

丛书卡片　丛书者,多册书籍连属于一处,同时或分期出版。在制作卡片之时,为便利起见,下面应标明丛书名称及其卷数。例如:

	Lag	range,Fernand,　　　1826 –
	App	physiology of bodily exercise. N. Y. leton,1905. 395p 19cm.　　　(International scien –
	tifi	c ser. v. 66)
		◯

内容卡片　内容卡片可以标明书之内容及各章名称如:

	Sha	kespeare, William,　　　1584 – 1616.
	spe	Works;ed. by William Aldis Wright;the Cambridge Shake – are,N. Y. Macmillan,1894 – 95. 2v. 23cm. Contents:
	v. 3	All's well that ends well.
	v. 8	Antony and Cleopatra.
	v. 2	As you like it.
	v. 1	Comedy of errors
	v. 6	Coriolanus.
	v. 8	Cymbeline.
		◯　　　　　　　　see next card

局部书名卡片　一本书册,取其一部分名称为该书的名称者称局部书名,制作此种卡片以迎合需要。因书名过长,或习用已

久,渐渐缩短,而成一短名。如:

		Robinson Crusoe.
	Def oe,Daniel. Rob	Life and Surprising adventures of inson Crusoe.　　1903. ○

　　分析卡片　分析卡片普通用之于书名,著者及标题,但不用于编者译者。因一书之中,其名称其内容或含有数种材料。外观虽为一书但实为数部分,在此需用分析卡片。有总著者与一部分书之著者相同的,也有总著者与一部分书的著者不同的。兹举例如下:

		(the) seven little sisters prove
	And sis	their sisterhood. rews,Jane. Each and all:the seven little sisters prove their terhood. 1877－1905 ○

第十八章　标　　题

　　标题是 Subject 的译文。克德氏在字典式的目录中叙述标题是图书馆的标目。不管所述的是不是标题，凡参与著者的事项，读者能报告出来的就是标题。

　　标题目录　标题目录是用主题名标目做成的目录。凡一主题因为名辞的关系，有千差万别，因之图书的名称异别很大。若把那些书名的名辞，仍旧抄录使用，则同一内容的书分置于各处，在目录检索上很不方便。于是不得不选一个适当的名辞，做为目录。标题的意思能：

　　一、足以表示那些主题。

　　二、适用于同样的事项中。

　　三、为一般人之理想所及的。

　　标题的制作，应该有一纲目，根据这些纲目，然后条分缕析的排列标题。标题的排列自然以用字母 ABC 的排列为最好，但是在不用字母的我国，不妨应用笔画和部位的排列方法。

　　名辞异别　名辞之利用各时代不同，各国不同，各地不同，各区域的小社会彼此之间亦不同，故在标题的制作上发生此种问题。但是主持标题事件的人，要明白如何去决定。兹举几种常遇见的困难如下：

　　一、言语的不同　言语的不同在各国之间区别很大，这是很容易明白的。但是即在本国之中也有不同的称呼。例如：

汽车	摩托车	
汽船	电船	
升降机	电梯	
水力学	水理学	静水学

在翻译的文字里,言语的不同,更可以明白。北平人的译文就与广州人的译文完全不同。固然意义上的不同是很多,至于拼音的不同,那就更远了。

二、名词的变迁　名词因为迎合思想的浪潮所以进步得很快,旧的名词往往脱去旧有的衣服而日趋摩登化了。例如:

浑天仪	地球仪	
武士	兵士	军人
同胞	同志	
中文	国文	

不独中国的字在进步,在变化,就是外国的字也常在变化进步。美国字的进步是很显然的:

Shop windows	Show windows
Window dressing	Show window
Educational measurements	Mental tests
Trade – union	Labour – union
Climate	Climatology

三、各地方言　各地方言不同,引用也就不同了。方言也有空间的关系,也有时间的关系,不过我们为提倡国语的统一起见,只能注重大体,不能在小节末上注意,所以方言所发生的虽有困难,但是我们不希望适应这困难。

四、一名二称　　一名往往有两个称呼或者两个以上的称呼。但是我们要选择那一个呢,就不可以不加以注意了。普通有官话,白话,俗话和大众语之别。例如:

海	海洋	虫	昆虫

桥	桥梁		山	山岳
血	血液		牙	牙齿
湖	湖泊		木	树木
船	船舶		炭	木炭
菜	菜蔬		钟	时计

五、同义异名　同样一件事物而有二种名称，其意义则一，此类的标目困难很大。同时也有立场的不同，而发生分别的。采取标目的时候，要研究大家所共同注意的，或者可以适合。例如：

战争　　　　变　　　　乱　　　　大战
住宅　　　　公馆　　　寓　　　　官邸　　　旅邸　　　舍下

妇人　　　妇女　　　女人　　　女子　　　女界　　　女

此类标题亦随时代而进步，古时之可以为标题者，今日不可以为标题。是有时间之性质。时间虽则更改，而意义上亦发生更改之现象。例如：

中风——脑充血

电信——电报

产妇——孕妇

洋车——人力车

六、语意变迁　语言随时代而进步，亦随习惯而更改。例如龟鹤延年，本是好字，在唐朝也有用龟为名者，如李龟年，但在今日乌龟已成骂人最厉害之名词。例如政治经济学（Political Economy）本为一种特别名词，且在三十年前以之为一种课程，今则简称经济学，即经济学一种以内，又分成各种经济学。

名辞选择规则　名辞既然有许多困难，故选择之时应有规则予以限制，方可运用自如，避免冲突或重复。美国克德氏曾著有标题名词的选用规则很可以作参考。

一、本国文的书目用本国文标题。

二、同义异语。

1.全然同一的同义异语的名词,选择其一,而以其他参照。

2.同义异语的标题。

甲、用图书馆利用人最熟知的名称。

乙、其他目录上使用最多的名称。

丙、除所用一义外不含其他意义的。

丁、采取与相关主题接近的。

3.若非绝对的同义语,须视其同义的轻重分别采用,同重者取其一,异重者均取之。

4.全然反对的二种主题选其一而以其他之一参照。

三、主题语与主题　不论有没有书名,入于最能表示其主题语的图书之下。

四、同名异义　同一名称而异其意义的主题,应分别制片。

五、有二种情形如下:

1.合成主题目　主题之名称有以下各种:

甲、由于单语者。

乙、先用形容词之名词。

丙、不先使用形容词之名词。

丁、由于前置词结合者。

戊、由于与字结合者。

己、成语及文章。

2.合成主题名　必要记入初语,但认为其他语重要时应转用之。

使用普通用语　标题名辞应避免专门的用语,为普通人所利用者,多使用之。参考书籍当用普通会话,各种索引,百科全书,各种目录。普通人的见解往往与专门学者的分类不同。一般专门书多为专门家所使用,他们所有的见解与普通人的见解不同。于此就发生了专门图书馆与普通图书馆不同之点。

现在的图书馆是为普通一般人预备的,不是单为专门家的,所以要迁就普通人的需要。举例如下：

法律——法学——法律哲学

商业——商学

宗教——宗教学——宗教哲学

气象——气象学

工业——工学

地理——地理学

统计——统计学

所以标题应该利用普通的用语。虽然专门的名辞好,但是不为社会所利用。一个图书馆的标题用字提高了,可见社会的程度也提高了。大学图书馆里所用的标题当然比普通的图书馆标题用字来得高深。

充分表现主题　表现内容应正确,有适用于同类之书,若仅以处理现有图书为限,则扩张之时,必感应用不足。无论事件可否独立均可采用一种名词以为应用,但如不能充分表现主题,则无大用处。

用语简单晓畅　名辞应简单明确,表现意义,而不可走于奇僻之径。编目者当可注意及之。例如：

采取者	放弃者
精神病者	狂人
昆虫	毛虫
动物	兽
人类	人
岛屿	岛

采取标题之时更注意及于句之语调,例如：

可用者	不可用者
中美关系	美中关系

中俄关系	俄中关系
中日交涉	日中交涉

又如国乐,绘画等,其本身自为标题,但为便利起见不妨将国别列之于后。例如:

中国音乐	音乐——中国
西洋音乐	音乐——西洋
中国绘画	绘画——中国
日本绘画	绘画——日本

但中国文学,英国文学,德国文学,法国文学等,以其属性的性质不同,似应列如下表:

中国戏曲	英国戏曲	德国戏曲
中国语	英国语	德国语
中国小说	英国小说	德国小说
中国文学	英国文学	德国文学

名词之结合 论到主题之使用,同时也要论到名词之结合,名词之结合乃自然之势。例如:

风俗及习惯	教育与宗教	宗教与科学
社会与教育	目录与书志	经度及纬度

如名词可以分裂者不妨应用如下:

商工业——商业——工业

书画——书法——绘画

关于历史上之重要事件的标题,应记明日期。如:

中日战争 1894 – 1895

日俄战争 1904 – l905

因历史上所发现之事件有复现之可能,故记明年月以确定其为特别之一种情事。

分析名词 在一种名词之可以分析者,不妨分开将其前面之一部分,置于后面。分析名词,不可一概而论,须视其分析后是否发生便利。例如：

分析化学	化学——分析
立体几何	几何——立体
比较语言学	语言学——比较
比较心理学	心理学——比较

美国图书馆协会标题细目 美国图书馆协会的标目称A. L. A 标目。

Bibliography	Handbooks
Biography	History
Collected Works	Outlines, Syllabi, etc.
Collections	Periodicals, and
Dictionaries	Society Publications.
Dramas(about)	Poetry(about)
Essays, addresses, etc.	Statistics
Fiction(about)	Study and Teaching

L. C.　细目

Addresses, essays, lectures	Exhibitions
Bibliography	Handbooks, Manuals, etc.
Bio – bibliography	History
Collected works	Outlines, Syllabi, etc.
Collections	Periodicals
Congresses	Societies
Dictionaries	Societies, etc.
Directories	Statistics
Study and Teaching	Year – books

Sears

| Addresses, essays, lectures | Handbooks, etc. |
| Bibliography | History |

Biography	Outlines, etc.
Collected works	Periodicals
Collections	Poetry
Dictionaries	Statistics
Directories	Stories
Drama	Study and Teaching
Fiction	

日本标题目录

戏曲	辞书	一集	评论	教授研究
小说	丛书	物语	便览	书目
传说	历史	杂志	人名录	统计
论说	诗	全集	年鉴	

标题种类　编目为要检查便利,须加标题。标题者于卡片上注明,按次排列。标题之目的,准确而明晰。若书名,著者及目录均可标题。

一、目录标题法　凡有四字以上之名词,一律分开将名词排列在前,形容词排列在后。如:

教育——职业

卫生——公众

财政——地方

但遇小类之名词,仍得顾全,不得割裂,如哲学概论,政治思想等等。又遇名词为整个者亦不分裂,如人体解剖,劳动问题等。

二、著者标题法　凡著者之名应取其书之版权页上所列之名。号名并用者,用互相参见片。无著者而为一家出版之书,以出版家为著者。无著者而为各家共同出版之书,以书名为著者,数人合著一书而有主编者,以主编者为著者。数人合著一书而无主编者,以第一人为著者,于其名下加等字。

三、书名标题法　书名之式样太多,如钦定,御批等,一律不得以为书名。均将书名前之冠词取下,书于书名之后。关于丛书,各编一丛书片,以该丛书之名义为标题,将丛书所包括之各书名称与其著者,一一列举,一片不能完者,继以第二第三片。

第四编　书志目录学

每一册书大致可以分为数部,即封面书名,书根以及书脊,书标。封面有用纸面,布面,皮面者。普通之书纸面者多,惟中国书籍则加书套。书套是否有益,其利弊如何,今姑勿论,但其为全书之一部分,因其上有标签。中国旧书多用线装,至于外国之书,有用平装者,有用精装者。精装之书价值较大,然可以保护书籍。

书根概为平切式,以便立起,最容易损坏者即为书根,书根坚固,乃能延长书之寿命。

中国旧书　中国旧书其格式皆有一定,约言之,可以分为七部,分述如下:

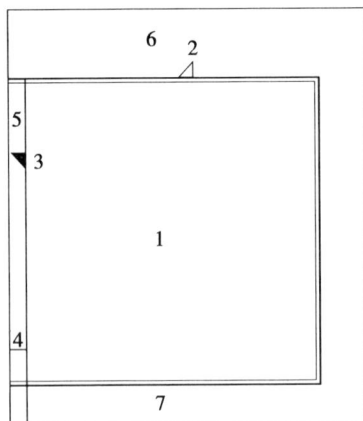

一、版心　书之正文所占之面积。

二、文武线　文武线即一粗线与一细线之和,亦称为书之边际。

三、鱼尾　鱼尾乃就其形而名,为折书时之标准。

四、页数　凡页数之记载均在此处。

五、象鼻　凡书之名称及其卷数在此。

六、天头　天头恒大,以备点注。

七、地脚恒小,以显眉目。

西洋书籍　西洋书籍之最早者用芦纸(Papyrus)写成。其阔自五吋六吋至十吋十二吋不等;长约十五吋至三十吋或四十吋。收藏之时,卷成一束,甚似今日学校毕业生之证书,四千年之前埃及人已有此种书册。(注)

〔注〕Breasted:Ancient Times, p. p. 77

西洋各国所用文字大多取字母拼音,字母之来源首先出于埃及,腓尼基人传至希腊。经过变更之后又传至罗马而成拉丁字母。今日欧洲各国文字所用之字母,实乃由此而来。(注)

〔注〕Breasted：Ancient Times, p. p. 272

第十九章　书　　史

文字起源　初民时代,无有文字,结绳以记事,大事作大结,小事作小结。及其后以天然进化之关系,人类随以树枝或砖石划地划石以为各种形态。积之既久,复用此形态以作记号,传达意见,试以婴儿试之,与以沙盘,草棒,则其恒作无意识之划动,这也就是祖宗习惯的复现。

世界上的语言可以分为五大类:

一、阿利安语系　这一系的言语,从欧洲一直到印度。他们的语言出于同样的语根,其支流为英语,西班牙语,法语,德语,意大利语,希腊语,波斯语,俄语,亚美尼亚语,梵语,以及其他印度语,阿利安语,确发生于公元四千年前,其远祖或在新石器时代。

二、闪密语系　闪密语系,大约与阿利安语同时发生,以历史的记载观之,这两族人时常发生激烈的战争,他们也有时彼此通商互生影响。闪密语系包括希伯来语,亚拉伯语,阿比西亚语,以及古亚述语,及腓尼基语,阿利安语与闪密语也有人以为同出于高加索语系者,然他们彼此之间大不相同。

三、罕密语系　普通相信罕密语发源于地中海南岸。罕密语包括埃及语,赫族语等。非洲其他种族语言,亦属于此类。

四、乌拉阿尔泰系　这一系言语,包括匈牙利语,马格雅语,土耳其语,满洲语,蒙古语,芬兰语及西北利亚土语。

五、中国语系　中国语大约在公历四千六百年前发生,远祖或在新石器时代。盖历史学家已公认中国民族自西方移殖而来。种族既能迁徙，他们的语言一定能发达到能裁制团体的时期，中国语系包括中国语，缅甸语，暹罗语，以及西藏语。

以上五种语言，均与现代的文明有很大的关系，书籍的制造亦以此五种语言为多。此外美洲之印第安人，因无大贡献，故未列入。

人类表示进化，由姿势而语言，由语言而文字，有言语文字，则人类之思想可以传递，可以久远记录。以之发生推理，以之发生科学，以之发生哲学艺术宗教，结果战胜自然。今日最发达之英语则有十五万字，中国字有四万五千。英语虽多，普通用字则在二千以上。中国普通用字约三千。

社会的遗传和历史都是藉著文字传下来的。荷马的《伊利亚特》，和《奥地塞》便是顶好的例证。在那两部史诗里面，描写有史以前二世纪的当时的人民生活，衣服，人民的思想以及社会的生活现象。史诗先经过背诵的遗传，然后有人把他写下来，成为文字的记录，书的构造于此也完成了。

周伯琦《说文字原叙》云："说文字原者说文解字，本其所以然也。昔在神圣继天立极，开物成务，乃画八卦，造书契以述天地之德，以类万物之情，繁是文字兴焉。独体为文，文者依类放象也。合体为字，字者孳也。形声相益，孳乳浸多，文之所生也；笔于竹帛者谓之书，书者如也。"

"书学有六，盈天地之间者皆物也，裁成辅相天地之化者皆事也。故象形为先，而指事次之，象形者画成物象，日月是也。指事者，视而可识，上下是也。人之五事曰见，言，视，听，思。声蕴于言，意萌于思，故谐声会意又次之。谐声者以事物配声，齿从止，旨从匕是也。会意者比类合意，两人为从，两火为炎是也。形也，事也，声也，意也，合而为文字矣。未尽者则转注以足其意，假借以足其声。转注者，凡侧取义，变形成类，侧山为**𠁥**，倒**止**为**帀**是也。假借者本无其依声托事，令长是也。此六书之大旨，经籍之本，五道之始，而天地鬼神山川草木鸟兽虫鱼杂物奇怪制度礼义世代人事，凡可以传远近，而诏后世者，未有不藉乎是者也。"

又云："说文解字五百四十，象形指事者文也，会意谐声者字也。转注假借者文字之变也。文最古，字次之，变又次之。肇于羲颉，备于史籀，约于秦斯，暴君燓灭虽有八体之名，讲求遂绝，汉兴儒者各以所记者私相授受，类多踦驳，惟许慎氏受学贾逵，稽古讨论，集次是编，部分类属，粲然可考，或谓即《汉史》所谓《仓颉篇》者也。"

人类既喜记号以代表意念，斯即文字之起源。象形文字位于第一，如日月之形。按中国之造字，众推仓颉。《荀子解蔽篇》云："好书者众矣，而仓颉独传者壹也。"韩非子《五蠹篇》云："仓颉之作书也，自环者谓之私，背私者谓之公。"《吕氏春秋君字篇》云："仓颉造书。"

书之出现已为自然之势，而仓颉之能成功者，以其专心壹志，能集众人之成，能采众人之所好，能用于众人之间。

《说文解字》序序说云："古者庖牺氏之王天下也，仰则观象于天，俯则观法于地，观鸟兽之文与地之宜，近取诸身，远取诸物，于是始作易八卦，以垂宪象，及神农氏，结绳为治，而统其事，庶业其繁，饰伪萌生。黄帝之史，仓颉见鸟兽蹄迒之迹，知分理之可别异也。初造书契，百工以义，万民以察，盖取诸夬。夬扬于王庭，言文者宣教明化于王者朝廷，君子所以施禄及下，居德则忌也。"

文字之创造乃共同之趋势，说其为一人所创造无乃太过。借符号以表明意志为共同的心理表现，证之今日之印第安人，或澳大利亚人，非洲之内格罗人，进步虽迟，莫不有此等表现。

象形文字发生最早，其次则为音符之文字，利用字母以为文字的基础，开始于埃及。以后腓尼基人传至希腊，由希腊而罗马，而至全欧洲。今之西洋文字以字母为基础实发端于埃及。惟中国之文字在数千年之经验者，愈进步愈复杂，始终不可以字母代替。故现在仍然保持固有的象形文字。

古代的书　古代的书称之为志。《礼运》云："孔子曰：大道之行也，与三代之英，丘未之逮也，而有志焉。"《庄子》云："《春秋》经世，先王之志。"按志与识二字相通。《檀弓》云："孔子之丧，公西赤为志焉。""子张之丧，公明仪为志焉。"实则识亦帜之意。古人往往以羽毛为帜，帜亦记号之谓。凡有新姓，必另换徽号，刻石记识。《书序》云："依易纬通，卦验燧人，"在伏羲前，表计實其刻曰："苍牙通灵昌之成，孔演命，明道经。"郑玄注云："刻谓刻石而记识之。"又《韩诗外传》："古封泰山，禅梁甫者万余人。仲尼观焉，不能尽识。"又《管子》书："管仲对齐桓公曰：古之封泰山者七十二家，夷吾所识，十二而已。"

简策时代　在纸未发明以前，古之书契多编以竹简，因其价廉，且修改便利。竹为亚洲之产物，古时北方中国，竹之充斥，有过于今日。《卫风》曰："籊籊竹竿，蓫竹漪漪。"《沟洫》志言："瓠子之决，亦见卫地产竹，于汉犹盛，故古者称食则簠簋，乐则笙竽，箫管，简策以纪事，筐筥以盛物，射则箭，约则符，寝则箪簟簠簜，食则箸，惟堂而帘，惟乘而簟，笄以饰，苔以戒，计以算，渔以筍。"由此观之，中国之文化可称为竹之文化。

关于古代书用简策的事《藏书纪事》诗序说得很明白："三代方策邈哉邈矣，炎汉初兴，书皆竹帛，《班志》所谓篇竹书也，卷则帛书也。后世书不用竹帛，冒篇卷之名，失其意矣。《风俗通义》刘向典校书籍先书竹改易写定可缮写者以上素。盖西京之末，犹用竹为多，故欧阳大小夏侯《尚书》多脱简而《班志》所载亦篇多于卷也。"

竹简之长度，据孔颖达《左传序》云："郑玄注《论语》序以钩命决云：'《春秋》二尺四寸，书之。《孝经》一尺二寸书之。'"希尔特氏（Hirth）曾据《金石索》以算周尺，约合二十三公分半。秦汉古尺

195

约合十七公分又十分之三。汉末尺约合二十九公分又三分之一。贾公彦云："郑作《论语序》云:《易》,《书》,《礼》,《春秋》,策皆尺二寸,《孝经》谦半之。《论语》八寸,策者三分居一又谦焉。"

《穆天子传》一书,于纪元前二九九年瘗藏于汲县古冢之中,至纪元二八一年发冢得书。晋荀勖校定其书为序云:"古文《穆天子传》者,太康二年(公元二八一年)汲县民石准盗发古冢所出书也。皆竹简素丝篇,以臣勖所考定古尺,度其简长二尺四寸,以墨书,一简四十字。"

《南齐书》卷二十一,《南史》卷二十二云:"时襄阳有盗发古冢者,相传云是楚王冢,大获宝物,玉履,玉屏风,竹简书,青丝编,简广数分,长二尺,皮节如新。盗以火把自照,后人有得十余简,以示抚军王僧虔云是科斗书。"其时为公元四六五至四七一年。

由是观之,古书之用简者甚多。惟简繁重。虽有用丝帛者,惟价值太贵。至于用木简者亦有之。《中庸》一书为孔子五世孙孔伋所集,内有云:"文武之政,布在方策。"又考仪礼联礼云:"百名以上书于策,不及百名书于方。"

用木板以写字者在用竹简之同时,或较其稍后。按古时书籍以竹为之曰简,以木为之曰牒,其厚者曰牍,简牍有误,以刀削而去之曰刀笔。

卷轴时代　谢灵运《书裘》铭谓:"怀幽卷赜,载妙抱密,用舍以道,舒卷不失,亮唯勤翫,无或暇逸。"梁昭明太子咏书裘诗云:"擢影兔园池,挺荃淇水测,幸杂缃囊用,聊因班女织。"卷之起源,即卷轴之意。因古人作书,皆成卷。

西洋书之一字 Book 原有卷的意思,同中国的卷差不多。中国书卷内用格线原系脱胎于简策,以一格等于一简。《大唐书仪》云:"写以黄纸,界以铅栏。"《书史》云:"黄素黄庭经是六朝人书,上下是乌丝成栏,其间以朱墨界行。"

《隋志》云:"炀帝即位,秘阁之书,上品红琉璃轴,中品绀琉璃

196

轴,下品漆轴。"可见卷轴的盛行在隋之世。《大唐六典》云:"其经库书钿白牙轴,黄带红牙签;史库目钿青牙轴,缥带绿牙签;子库书,雕紫檀轴,紫带碧牙签;集库书,绿牙轴,朱带白牙签,以为分别。"且卷轴裱装时,因防蠹虫,多加香料。如《书史》所云:"檀香辟湿气,书必用檀轴有益,开匣有香而无糊气,同时又可避蠹。"

卷内往往有背记,标记,谶语等名目。古代之纸,其底坚厚,表里均可为书,反正均可作书。《南史》云:"沈云祯以反故抄写,即录注疏诸家说之及于经传者于纸背为背记,又标字义句解,及经传异同于栏上下及行间,为标记。卷末记其钞读起止,及其书之所自来为识语。"

关于书之格式,古代卷子用二尺黄纸写成,界栏用铅画,可以随便卷舒。《大唐书仪》云:隋时修文舒书写,卷末间一行留空纸,每一卷毕,记空名处,卷子较之竹简,虽为便利,但如检查书时,必致将全卷细阅展舒,因此后代以卷叠折成册。如宋椠藏经,折叠者多如旋风叶子,可以一一展开。今日中国字帖之中,用此法者甚多。

第二十章　印刷史

中国印刷术之发生　六世纪中,道教始用符印,刻符篆于木而印之,以省写录之力,是为印刷术之开始。符印而外,尚有石刻之摹拓,更为印刷之前驱。石经之刻,汉唐均有,而摹拓之起源,盖在唐太宗时,当时佛教盛行,寺宇繁兴,佛徒最重文字与美术,而印布之需要益切。降至七世纪中,始有印刷佛像之举。其旁或有文字,乃于不知不觉间,渐由佛像之雕刻,更进而为佛经之雕印。是则佛教之输入,实为促进印刷术原动力之一。

汉儒以后有功经传者三人:一为刘歆,一为蔡邕,一为冯道。刘歆之《七略》,班固因之而为《艺文志》,于是经师不传之本,可以观其目录,而知其人。其次蔡邕之刻石经,俾士人得睹全经。冯道之刻板印书,诸经均有读本。

后汉和帝永元十七年即公元一〇五年时有宦者蔡伦,以简重缣贵,乃用麻头敝布鱼网等物,发明造纸之术,不久流行于世。迨纪元后四五世纪,则又有人发明烟墨。

中国雕板印刷术之发生较墨之发生甚迟。自先秦以至于汉,不知有墨,惟用漆以为书写的工具。漆当然不能印书,能印书者只有墨,墨乃为纪元后四五世纪时韦诞所发明者。敦煌吐鲁番所发见之画像画范,印花织物,古印印文,以及无数印就之小像,以证中国佛寺之始创雕版印刷术。当时佛教由中传日,印刷术亦随之而行。约当公元七百七十年顷,称德孝谦之日本皇帝,因受留华十九年之僧侣影响,命印无垢《净光大陀罗尼经咒》百万纸,分送日本佛寺建塔藏之。此种符咒为佛咒中印刷行世之最早者。

俟后中国之印刷术已大有进步,观其现存金刚经之最古印本,可以知之。此书为斯坦因博士在敦煌石室中所发见,共文六页,长十六呎,整齐黏合联为一卷,卷首冠有雕板扉画一小幅,卷末印有咸通九年(即公元八六八年)四月十五日王玠为二亲敬造普施,其印刷之精美,远非日本所刻《陀罗尼经咒》所可比拟。

唐明皇以后,舍佛经而外,仅有雕本小学字书,乃为节省国用起见,倡议以木版代石经。至周广顺三年(即公元九五三年)果将九经刻成,实为儒家刻书之始。

新式印刷 我国新式的出版印刷可说是起源于光绪二十三年。以前虽然已有教会创办的出版机关及政府设立的官书局,但正式的民营新式出版事业的产生,要以光绪二十三年的商务印书馆的成立为嚆矢。

我国由旧日手工印刷突然转变而为新式出版业,不用说是由于时代环境的刺激,亦是由于内部的需要。自从道光二十二年鸦片战争我国失败以后,外国教士到中国传教并介绍西洋学术,清政府也因此设立学堂,研究西学,但大部分还是仍循故制,到了甲午年和日本开战失败以后,留心国事的人,深觉要图国家的富强,非改革现状,采用欧美制度,研究欧美学术不可。于是这种思潮就逐渐表现于事实方面。为适应新的政治制度与教育制度起见,旧日的出版业,乃渐趋式微,而新式的出版业乃应运而生。

自从清季以迄民国,我国的出版事业可分五个阶段来说:第一是教会出版业和官书局时代,第二是民营的新式出版业的兴起,第三是新文化运动以后的民营出版业,第四是小说文艺的鼎盛时期,第五是应用技术书籍的印刷时期。

一、教会出版和官书局时代 自从革新运动发生,新式的出版业就逐渐成立,以供给新的书籍,适应时代的需要,可是在革新运动以前,到中国来传道的外人,为使基督教随西洋文明深入中国人民心理起见,已经开设学堂和印书馆刊行西方的宗教书籍与学术书籍,藉以灌输宗教知识于中国人民,到了革新运动时期,教会的重要出版机关有:(一)中国教育社,和(二)广学会。前者是光绪十六年创办的,所出的书籍以教育用书为多。在光绪二十九年时候,售出的书达一万余元。后者是光绪十三年创办的,出版比较高深的科学,伦理及宗教书籍为目的。在中日战争以后,教会出版的书籍,颇为我国人士所欢迎,在光绪十九年,广学会的书,售价只有八百余元,到光绪二十九年售价竟达二十五万余元,可以想见那时教会出版业的发达状况了。

至于清政府方面,因为要办学堂,不得不采用新书,所以当时也办了许多官书局,编印新学书籍。

二、民营新式出版业的兴起　教会和官书局的出版物在社会上的势力到光绪二十九年以后,渐为民营出版业取而代之。民营出版业,在革新运动的初期,已经发生,当时的力量,虽然敌不过教会和官书局,但是进步很快,不久便驾于教会和官书局之上。在光绪三十二年,上海一隅除了二十三年创办的商务印书馆而外,又有文明,开明,彪蒙,广智,昌明,有正,鸿文,时中,普及,乐群,通社,点石斋,启文社,新智社,会文学社,新民支店,群学会,小说林,新世界,小说社,东亚公司,新书店,中国教育机械馆等二十余家,所出的书籍,即就教科书一项而论,学部所审定的一百零二册教科书中,民营出版业发行的教科书就占到八十五册,内商务印书馆出版的最新初等小学国文等教科书五十四册,文明书局出版的初级蒙学修身等三十册,直隶学务处出版的心算教授法等十册。南洋公学出版的初等小学读本等四册。时中书局出版的普通各科教授法一册,化固小学出版的画学教科书一册,武昌图书临本一册。未注出版局名的蒙学修身一册。这样看来,那时的民营出版业,进步的速度,着实可惊。因为清室废科举设学校之后,并未编印教科书,

200

这种工作,乃由民营出版业担任。民营出版业自担任这种巨大责任之后,就在出版界占了重要的地位。

三、新文化运动以后的民营出版业　自清室退位,民国成立以后,雏形的新教育制度亦大发展。在新文化运动以前,知识阶级大都不能彻底明白旧制的不适宜。现在经过新文化运动,他们所注意的地方,不像以前专注意于政治方面,并且注意到社会经济方面。不但打破了一切的因袭的传说,一切旧有的权威,一切腐败的组织,对于文物制度,一件一件的来重新估定价值,并且把我国向来所用言语与文字不统一的习惯加以改良。成为言文一致的语文体。这种趋势,自然也使出版业表示进步的状态。

四、小说文艺的鼎盛时期　新文化运动的结果出版界受了很大的刺激,以后的进步,就转入了小说和文艺的鼎盛时期,新兴文艺家,小说家,批评家等等多如牛毛,这些著作在三四年内居然汗牛充栋了。文艺小说家的大量产出,是因为社会的动向的关系。无事可做的人觉着小说文艺是最容易了。无业可就的人觉得小说文艺是最容易读了,且可以读了去消遣时间。况且学校里的学生于课余之后更需要大量的小说和文艺来安慰他们的心情。

五、应用技术书籍印刷时期　在一二八战争以后民众深深的感觉没有确实的技术,很难以立足,没有实在的东西也不能够表现。专门注重文艺小说救不了国,于是政府首先提倡注重实科的人材,而社会的动向也就改变了。出版界受此影响,故对于应用技术的书籍着手大量出产。

在这短促的几个时期很可以看出中国出版界的动向。

新式印刷之传入我国在清之末叶。首先输入的是活字版印刷术,平版印刷术次之,最迟者为凹版印刷术。

一、活字版印刷术　西人输入活字印刷术于我国其主要的目的在刊印汉译的耶教经典以便传教。在鸦片战争以前,嘉庆十二年即公元一八〇七年,西教士马礼逊(R. Marrison)来华传教,曾用西法刻中文字模。我国之有欧式字模者以此为始。至嘉庆二十四年即公元一八一九年马氏在马六甲印成汉译《新旧约》,这是用欧式活字印刷中文的第一部书。后来戴尔教士(Samuel Dyer)曾于道光十八年即公元一八三八年在香港造字模大小两种,共刻成一千八百四十五枚。戴氏死后,美人谷立(Richard Cole)继续镌刻,当时各处印书都购用此种铅字,因其制于香港,故又称香港字。在咸丰七年即公元一八五八年以前,字模都用手刻,而中文字数众多,一副之成,需时甚久。至次年姜别利氏(W. Gamble)在宁波始创电镀中文字模,制成大小铅字七种,迄今适用。

活字术之输入除字模外又有泥版纸型等。泥版用泥覆于排成活版之上,压成阴文,以铅等混合金属镕烧其上,即成阳文铅版,其流入中国约在道光二十四年即公元一八四四年。至光绪中叶日人开设修文印书馆于上海,始改用纸型,印后,无须保存铅板,甚为便利,至是泥版遂废。

二、平版印刷术 我国之有石印刷,创始于上海徐家汇土山湾印刷所,时在光绪二年,即公元一八七六年,所印者为天主教的传教印刷品,石印书籍行世者,以上海点石斋印书局为最先。该局为英人美查(F. Major)所设。至光绪二十年国人设有同文书局和拜石山房,当时三家鼎立,盛极一时,后又输入彩色石印,照相石印,影印,珂罗版等。

三、凹版印刷术 我国雕刻铜版印刷术的传入有意大利派美国派两种。意大利派间接传自日本。国人首习得此术者当推王肇鋐氏时在光绪十四年左右。美国派的雕刻铜版印刷术,以北平财政部印刷局为发源地。该局创办于光绪三十四年,聘美国雕刻家海趣(Lorenzo James Hatch)为技师,其门下多得真传。影写版为印画报利器,民国十二年商务印画馆聘德人海尼格(F. Heinioker)为技师,制影写版印刷。

四、铅字 中国现用铅字至不一致。至宣统元年除宋体字外,

202

有楷书,隶书,及方头字体行世。民国六年有古体活字,民国八年有仿古活字,注音连积字,民国十八年有汉文正楷。

现在通行的中文铅字字模以大小来说共有八种,自初号以至七号,以系统来说可分三类:

第一类　头号四号二种铅字为一个系统,即四号之一倍为头号字。

第二类　初号二号五号七号四种铅字为一个系统,即七号字之一倍为五号字。五号字之一倍为二号字,二号字之一倍为初号字。

第三类　三号六号两种铅字为一个系统,即六号字之一倍为三号字。

但各号字面大小国内并未一致,且字身亦高低不一,有的是二·三三公分,有的是二·三二公分,有的高过二·三三公分。以致各家铅字不能互相通用。

一八七一年以前美国的铅字混乱情形正与我国现在相若。但自支加哥大火以后,铅字和字模毁了大半,于是全国一致采用Point制。自统一以后,不仅减少排书的困难,并且节省了许多浪费。

五、版式　版式各出版家亦有不同,其原因一方面以纸张之大小不一,一方面用书籍的需用版式大小有殊,商务印书馆所采取之开数共有九种,可供参考:

第一种	$23 \times 30\frac{1}{2}$	公分
第二种	19×27	公分
第三种	$15\frac{3}{10} \times 23$	公分
第四种	$13 \times 19\frac{1}{10}$	公分

第五种　　　$11\frac{7}{10} \times 17\frac{1}{2}$　　公分

第六种　　　$9\frac{1}{2} \times 17\frac{3}{10}$　　公分

第七种　　　$10\frac{1}{5} \times 15\frac{3}{10}$　　公分

第八种　　　$7\frac{3}{5} \times 12\frac{4}{5}$　　公分

第九种　　　$4\frac{1}{10} \times 7\frac{2}{10}$　　公分

版式既经规定之后,纸张小大的种类亦可规定。商务印书馆所用纸类已由四十五种减至三种,即:

一　　$63\frac{5}{10} \times 94$　　公分

二　　$78\frac{2}{10} \times 109\frac{2}{10}$　　公分

三　　$73\frac{7}{10} \times 97\frac{5}{10}$　　公分

204

第二十一章　目录学概说

目录始于刘向父子,迄于今日,非常繁多。至清代而目录之学完成。所谓目录也并非单以书籍的分类为能事,此外也要比较,研究,发明学术的变迁,各种著录的影响以及文人的观念,和书籍对于社会上所发生的关系。

读中国书所最困难的,就是真伪的问题。尤其是中国的经书,所谓正统的书,发生了许多的改变。字和句之间也有许多改窜的。研究目录学也同时可以研究中国的学术变迁和发达了。

治学者首在研究书目,研究书目又可称为目录之学。中国目录之学已成专门的学问。循此目录以示入学门径。张之洞之《书目问答》即为指示门径之一种。

目录学　书籍行世,种类繁多,自古迄今,中外书籍,各国语言文字典籍,实不可计。惟治图书学者,须有凭依,而得心应手,检查便利。目录学应时而生,以补其缺。因书籍行世,常有困厄。书册有年代久远而陈腐者,有因翻阅而损坏者,不焚于火,或毁于人,抱残守缺尤须其人,况自有书册以来,兵燹天灾等事,常见于史,而书籍之困厄更大。

著录的范围　著录书籍的时候,著录的范围,不问为个人的藏书,抑国家的藏书,悉行网罗。但个人的藏书有限,仅天下书籍的一部分。如其像国家的藏书目录。正史中艺文志那样目录,无论甚么书,凡是看见的都收集在内。惟独《明史艺文志》只著录有明一代的著作,虽举明代全部的著作,但对于明代以前的书籍,无一举出,因之对于明代书籍供给研究,很为便利。

著录的范围虽则如是之广,但是也有遗漏的书籍,不过大众所知的书总是在采取之列。

佚亡的书也同时采取的,于此可以研究古代人类思想的趋势,和文明进步的现状。有人说佚亡的书目没有多大用处。但是因为没有多大的用处就可以作特别研究的参考了。

目录的功用 研究历代目录可以测知历代的学术变迁,自汉以后儒学大兴,诸子百家所有的书籍,便不重要了。受此影响,使中国数千年来,进步发生障碍。六朝至唐之间,系牒,系谱,图谱颇多载录。此类书籍,因为重视门第的风气与中国社会的根本组织背驰,所以次第灭绝。即此一事也可以研究社会的变迁了。门第观念所以取消的原因,是由于施行科举的制度。

研究目录学 目录学者述及版次,特点,出版地,印刷人,字体以及其他有关之书籍。甚或内容提要亦视能力所及而行之。图书馆中关于鉴别及审定之事较难,如出版之时代不同,地址不同,修订之多寡不同,原文变化出入不同。曾经何人收藏,有何点注。著者之全名,页数插图等项,均须一一加以注意。

关于目录学之研究,须审查其目的,如何方能适应图书馆之需要。普通研究目录学者其列举之目的如下:

一、书的原始。　二、书的性质。　三、书的历史。

研究以上三项者亦可称为书史。不过目录学之所注意者不单为书史,而同时研究书之目录。图书馆所用关于目录者有以下各项:

一、出版地。　　　　　　五、图解。

二、印刷人。　　　　　　六、版之大小。

三、印刷时代。　　　　　七、校勘。

四、字体。　　　　　　　八、装订。

目录之类别　目录之书可分三类：第一类之后有小序，书名之下有题解如《晁陈书目》，《通考经籍考》，《四库提要》之类。经籍志簿录类序论，掊击诸家，推尊二刘，盖以向之《别录》，每书皆有叙录，歆之《七略》，群篇并举总要。于书之指归讹谬，皆有论辨，剖析条流，至为详尽，有益学术，厥功甚伟。

《四库全书总目》《崇文总目提要》说，"原本于每条之下，具有论书，逮南宋时，郑樵作《通志》，始谓其文繁而无用。绍兴中，遂从而去其序释。考《汉书艺文志》，本刘歆《七略》而作，班固已有自注。《隋书经籍志》，参考七录，互助存佚，亦治其例。《唐书》于作者姓名，不见纪传者，尚间有注文，以资考核。后来得略见古书之崖略，实缘于此，不可谓之繁文。郑樵作《通志略》，务欲凌跨前人，而艺文一略，非目睹其书，则不能详究原委，自揣海滨寒畯，不能窥中秘之全，无以驾乎其上，遂恶其害，已而去之，此宋人忌刻之故智，非出公心。"

第二类即有小序而无解题之书。如《汉书艺文志》及《隋书经籍志》。

第三类为无小序题解之书，如《通志艺文略》，遂初堂及各家藏书书目。

研究书目在举其要，书籍之多浩如烟海，虽尽毕生之力，不能窥其全豹，故选择重要书目乃为首要。《书目问答》云："目录之学最重要者《汉书艺文志》，《隋书经籍志》，《经典释文叙录》，《旧唐书经籍志》，《新唐书》，《宋史》，《明史艺文志》，《文献通考》中《经籍考》，虽非专书，尤为纲领。《阮考绪七录序目》，《文选注引书目》，《太平御览书目》亦要。其余若《遂初堂》，《明文渊阁》，焦竑《经籍志》，《菉竹堂》，《世善堂》，《绛云楼》，《述古堂敏求记》，《天一阁》，《传世楼》，《汲古阁》，《季沧苇》，《浙江采进遗书》，《文瑞楼》,《爱日精庐》,各家书目,或略或误,或别有取义,乃藏书家所贵,非读书家所亟,皆非切要。"

分类的来源　汉代刘向校雠书籍的时候,因分配便利的关系,召集多人从事校雠,因各人所专者不同,自然发生分类的需要。故将书籍分为七略,一是辑略,二是六艺,三是诸子,四是诗赋,五是兵书,六是方伎。这是中国书籍最初的分类法。其后经种种变迁,终于成为四部的分类。自唐之前以至今日,书籍的分类仍为四部了。

六艺　周代注重六艺,所谓六艺者,即礼乐射御书数,凡为士大夫阶级必须擅长六艺,礼乐射御书数既为一般国民教育的课目,又为士大夫所必修的,汉代所谓六艺与周代不同,所指者为六经。

汉代教授的时候,都是以经书为一种专门的学问。汉代的学问如系《书经》,则有专门教授《书经》的,《诗经》也是如此。所谓《书经》《诗经》的内容,就是道,陈述先王之道,圣人之道,因之读书以明道,是读书的目的,但是书籍的本身是古代之物,至汉而止,已历相当年数,自然会有文字的变迁,言语也有变化。第一件事对于书籍中所用文字的意义,如不一一明了,究难明道,于是读书的目的在明先王之首,但在手段上,第一步不能不明白书籍的结构,和文字的来源。因此汉代人士对于文字开始深切的研究。从这一种趋势,就渐渐偏重到训诂之学了。

《六经》就是《易》,《书》,《诗》,《礼》,《乐》,《春秋》,此外有《论语》,《论语》是孔子的语录,并不列入任何一经。《论语》之外又有《孝经》。《孝经》也不列入任何一经,因为《论语》和《孝经》都是附随于《六经》的。

此外尚有一种是小学,小学是学问入门的门径。据汉代的学者所言,这是文字之形,文字之意义,文字的声音。为明道计,专攻经学时,这是初步必要的学问。

诸子　书籍的性质,凡是说明经书的,则列入经书之中;如非

208

说明经书而离经书，自成一说的，统称为诸子。更有儒者自述己见的也列入诸子一类。例如《孟子》一书并非说明经书的，但是《孟子》咀嚼经书，敷陈经书，而述关于伦理教育政治的一家之说，所以认为这是离经书而自成一说的。古时列入诸子之中，然《孟子》终于渐渐升进，而入经书之中。如将目录比较研究就可以明白。《老子》《庄子》都列入此类之中。苟离经书而自成一说的，统称诸子，如《墨子》，《韩非子》。

诗赋　诗赋所指的为赋三种，杂赋及歌诗。例如《屈原赋》二十五篇等二十家三百六十一篇属于赋第一种。《陆贾赋》等二十一家二百七十四篇属于赋第二种。《孙卿赋》十篇等二十五家百三十六篇属于赋第三种。至于杂赋则有十二家二百三十三篇，歌诗则有二十八家三百十四篇，这都是《汉书艺文志》上所载明的。

兵书　兵书所包括者为兵权谋，兵形势，阴阳及兵技巧。兵家者出于古司马之官，王官的武备。《洪范》八政，八曰师。孔子曰："为国者足食，足兵。""以不教民战，是谓弃之。"可见兵之重要。《易》曰："古者弦木为弧，剡木为矢，弧矢之利，以威天下。"

术数　术数所包括者为天文，历谱，五行，蓍龟，杂占，形法，共六类。

术数者皆明堂羲和史卜之职。实则古之自然科学，凡不能明白决断者用蓍龟，及杂占。

方伎　医书及神仙法书属于此类。神仙法中国自古即有，其起于何时，不能明了，在战国时代，似极盛行。

方技者皆生生之具，王官之一守也。大古有岐伯，俞拊，中世有扁鹊，秦和，盖论病以及国，原诊以知政。汉兴有仓公者，其技极佳。

一观此项目录即可明了，其中并无历史。作此目录的时候因为历史的书甚少。如将历史独立为一部门，过于贫弱，不得已将司马迁的《史记》附在孔子《春秋》之后。侯后就是《国语》，《战国策》，亦排在《春秋》之后。《汉书艺文志》解释《春秋》的意义说："……古之王者，世有史官，君举必书，所以慎言行，照法式也。左史记言，右史记事，事为春秋。……"实在可以明白《春秋》可以包括历史。

佛道盛行之后称之为道释，亦称二氏；但在刘歆《七略》著录之时，二氏之道并未成为专门宗教。

目录的变迁　六朝时代兴起了甲乙丙丁的分类方法。这是将刘向的《七略》稍稍变化而成的。甲指六艺；乙收诸子，兵书，术数方伎一类的书，使诸子内容异常丰富，范围扩张。丙为历史，丁为集，就是诗赋等等。如此分类将原来者变为三种，而另加历史一项。结果成为经子史集。

唐代的分类也是四分法。但是顺序有所颠到。甲部之经，丁部之集未动。乙和丙则更易位置，内容也有变更。其顺序则改为经史子集。

清代乾隆年间集成《四库全书》，先命地方长官以及其他人们不问版本写本，凡最佳的书籍，悉行搜集。其次将搜集所得的书籍，悉行誊录，送还原本，而集合写本。固然天下所有的书籍未能誊录净尽，但最注目的书籍，最佳的书籍，尽行搜集誊录。《四库全书》三万六千余卷写成七部，其中一部置北京，一部置奉天，一部置热河，一部置扬州，一部置镇江，一部置杭州。现在所存的只有四部。

《孟子》本是属于诸子的，因为儒家的势力既盛，所以推崇孟子而移入经类，与《论语》有同等的地位。

程伊川与朱熹因为觉得仅有《论语》《孟子》，稍感美中不足。且《论语》并非孔子所著，仅有《孟子》系孟子本人所著。而孔子与孟子之间，时间相距颇远，所以并非孔子将道直接传之孟子。在孔子与孟子之间必要有一个连络的东西。在《礼记》一书之中，有《大学》与《中庸》两篇。《大学》系何人所著，虽不明了，但在历史上载明《中庸》系孔子之孙子思所作。所以就用此二篇了。

《论语》《大学》《中庸》《孟子》四种书籍各有特色。《中庸》议论精密，而且是形而上的。阐明圣人之道，排斥其他学派的是《孟子》。至于《大学》可以说是儒学的精义，《论语》是孔子的语录。朱熹将四种书籍的顺序列为《大学》,《论语》,《孟子》,《中庸》。

第二十二章　校勘方法

校勘之学　校勘之学出之较晚。惟自有书册以来，翻刻恒多，舛错不能避免，故专家出而为校勘之学。校勘之学所注重者，厥惟古书。今书校勘较易。惟古书校勘非傍征广采，广求副本，互相研究不可。从事于校勘者，须有长时间之训练，沿之既久，校勘乃成专家之学问。

能校勘者，其所见必广，所求必精，考证必深，校对必勤，尽毕生之力而竟其功。能校勘者方能刻书，以行于世。所刻之书亦不致误。清代刻书之业盛行，文人学者辈出，故校勘益精。其所以如此者，亦风气使然。

书籍的校勘家虽多，而对于图籍地理之书则校正者少。普通之书多加参考，即为已足。而图册则非旅行实测不为功。又中国之舆图，详于记水，而忽于记山。故其所载亦大约之词，若此则不足以云精细。盖校勘之共同趋势为详于古，而忽于今。

校勘之学，以清代之学者为最多，此乃其势使然。清代学者辈出，各多精详于考据典章之学，故校勘之学随之而益彰。校勘之学之所以发达者，一由于国家之趋势，一由于人类之思想进步如此。因人类之思想已渐入于科学整理的地步。

清代校勘学者甚多，若汪中，毕沅，顾广圻等各为一家，兹将最著名的校勘学家列入下表：

校勘者	书名	校勘者	书名
汪中　毕沅	大戴礼记	毕沅　梁玉绳	吕氏春秋
周廷寀　赵怀玉	韩诗外传	严可均	慎子
卢文弨	逸周书	毕沅	山海经
汪中　毕沅	墨经	洪颐孙	竹书纪年　穆天子传
孙诒让	墨经	丁谦	穆天子传
谢墉	荀子	戴震　卢文弨	春秋繁露
孙星衍	孙子　吴子	汪中	贾谊新书
汪继培 任大椿	列子	戴震	算经十书
秦复	列子	戴震　全祖望	水经注
顾广圻	国语 战国策 韩非子	顾广圻	华阳国志

校勘之学主要目的在校勘古籍。因传说或刻版往往字误或句误之点甚多,惟利用校勘之学能解决纠正此等困难。

校勘方法　勤于校勘之学者,所承家法不同,大多秉承师训,独创一格,兹举其普通校勘方法如次。惟校勘之方法亦有根据于时代,于师传之方法,而有不同。

一、广储副本　刘向校勘有所谓中书,有所谓外书,有所谓太常书,有所谓太史书,又有所谓臣向书。可知刘氏之参考副本甚多。自刘向以后,从事于校勘之学者莫不如此。东潞赵氏定本之《水经注释》一书,其参考校订之本多至数十,兹举例如下:

杨慎刊本　升庵自序别刊《水经》三卷,又其孙宗吾刻节录《水经注》碑目一帙。

黄省曾刊本　五岳山人自序,嘉靖甲午年刊。

归有光本　太仆家藏旧钞,何义门曾见之。

柳愈本　字大中,吴人,正德年旧钞,藏洞庭叶石君家。

赵琦美三校本　一校于万历丙午年,二校于万历己酉年,三校于万历庚辰年。

吴氏刊本　字中行,歙人,万历乙酉年刊。

朱之臣本　字无易,蜀人,引辛氏《三秦记》,补《渭水篇》。

周婴本　字方叔,莆田人。

陈仁锡本　万历中明乡更校刊之。

钟性谭元春刊本

全氏双韭山房旧校本

钱曾本　遵王有述古堂藏书,盖宗槧本。

黄宗羲删本

孙潜再板本

顾炎武本　亭林著《肇域志天下郡国利病书》,《日知录》,《昌平山水记》,《辨正水经注》,极多义门云。

顾祖禹本

阎若璩本

黄仪本

刘献廷本

胡渭本

姜宸英本

何焯再校本

沈氏本

沈炳巽本

董熴本

项絪本

杭世骏本

齐召南本

全祖望校本

采取诸书,以广见闻,互相参证,录其长,而去其短。见闻有限,则校勘不易,不得比较,难以臆断。

二、广征博采　书籍传之既久,传写舛讹,其来渐久。既有诸家藏本,互有校雠,则大致不甚相远。古人著书每托古人之名,以

214

提高其书之地位。其著者如《汉志》中，《神农》二十篇，班氏自注云："六国时，诸子疾时怠于农业，道耕农事，托之神农。"又黄帝《君臣》十篇，注云："起六国，与老子相似，"又《黄帝说》四十篇，注云："迂诞依托。"则鉴品书籍之来源真伪，应即加以注意。盖各书之中，亦可参加一般。

自秦火以后，迄于汉唐，历代收藏书籍，经厄甚多。故以《汉志》所载书籍，求之《隋志》而十阙二三，以《隋志》所载之书，求之《唐志》，而十失七八。陵夷以迄于今，则书之缺残可知。学者欲读书稽古于千百年后，非远绍旁搜，广征博引不为功。按《永乐大典》为拉杂一束之选择方法。各种书籍均经搜集。戏，词，小学均经列入。按韵排列，至《四库全书》亦以此为根据，惟有背世道人心之书，均经弃之。

诸家残籍湮没散佚之余，而欲求其完备，则傍搜远绍，辛勤搜讨是为上策。即古代目录著作亦有时而遗漏。况其他各种已载之书籍乎？是则补苴罅隙乃为治学之重要工作。

三、研究文字　研究文字，当举秦汉前文字，分别研究。至如《易》孟氏，《书》孔氏，《诗》毛氏，《礼周官》，《春秋》左氏，《论语》《孝经》皆有关于古文，不可不一一研究之。其他如先秦诸子，传记百家之书，降及史迁，班固，子云相如之文，有俾文字记录者，一一比而较之，以得其真义。

研究文字当用基本参考书。普通字典之书，往往不合研究学问方法，或数典而忘祖。《许氏说文》堪称良本。其他可供参考者列之如下：

许慎	说文解字。
徐锴	说文系传。
段玉裁	说文解字注。
罗振玉	殷墟书契考释。
章炳麟	小学答问。

广韵

江永　　　　古韵标准。

王念孙　　　广雅疏证。

文字对于校勘之用途最大。往往因一字之发明而发见未有之奇宝。治小学者为研究校勘之初步方法。

四、读声辨韵　唐虞声教四讫,周监二氏,郁郁乎文。宣文时太史籀著大篆十五篇,文不厌繁,字皆有声,而读法尤为注意。秦焚诗书,斯文将丧,李斯改大篆,为小篆,字多省声,下杜程邈隶书于是乃出。然秦之黔首,皆周之遗民。故先秦之书,字体稍异。

东汉明帝永平八年佛法入中国,而西方之声音随之而至。许叔重博访通人,而著《说文解字》十四篇,意以谐声一门,为经韵楷柱。至魏,反语大行,而声读之法遂亡。后世有关于声韵之书者有以下各种:

周彦伦《韵学》;郑庠《古音辩》;吴棫《韵补》;顾炎武《音学五书》。

江永曾分音韵为十三部,戴东原分为十六部,段玉裁分为十七部,孔广森分为十八部,王念孙分为二十一部,皆尽平生之力研究音韵之学。

惟古代声韵虽可见于诸书,而著者以地方之限制,亦有不同之音调。故以体会当时人之语言及其方言为最上之法,各处之发音亦有关地理者,兼可注意及之。

五、考求疑年　历史年代对于校勘之学,贡献最大,古今名人生卒年月,历史上之大事迹均有关于校勘者。故傍征左引,在在需用年表。清代嘉定钱辛楣尝考求古今名人生卒之年,核其寿数,取《左氏传》有无疑年之意,作《疑年录》三卷。其后海盐吴思亭得其书,增补易阙,又推广为续录四卷,故其书乃为世不可少者。举例如下:

郑康成七十四

生永建二年丁卯　卒建安五年庚辰

荀慈明六十二

生永建三年戊辰　卒初平元年庚午

如以钱大昕之疑年录再考校之,而注以公历纪元,则检查之时更极便利,钱氏之作等于古今文学家之生卒年表。

考核年代亦同时考其当时之社会情形,借为补证。顾炎武曰:"管子称三晋之君,"其时未有三晋。《轻重篇》称"鲁梁奏赵,"其时未有梁赵。《国语》:"勾践之伯,陈蔡之君皆入朝,"其时有蔡无陈。《说苑》"勾践联魏,"其时未有魏。又言:"仲尼见梁君,孟简子相梁。"其时未有梁。鲁亦无孟简子。吕氏《春秋》:"颜阖见鲁庄公,"颜阖穆公时人,去庄公十一世,凡此等等皆须加以考证。

六、博览丛书　古今经籍之传,由竹简而缣素,而楮墨,而椠刻,日趋便利。至丛书之刻在艺苑已为末事,然萌于宋,绳于明,极盛于清,各家校勘益精,勤刻益善。藉以网罗散逸,掇拾丛残,续先哲之精神,启后学之涂轨。其事虽甚艰,而其工则甚钜。

丛书之刻有性嗜旧刻,毫厘求肖者,如黄主事之《士礼居》。有志在传古,校雠最精者,如卢学士之抱经堂。有书求罕见,今古俱备者,如鲍处士之《知不足斋》。有专辑近著,椠亡抱缺者,如赵大令之《鹤斋丛书》。其余各种丛书甚多。

丛书之刻,在初原为补书之所缺,俟后乃成风气。刻书者日多,而丛书之版本乃愈多。

七、更正错误　错误有以抄写而发生者,有以刻版而发生者,故更正错误乃为极繁重之事。文字中有讹脱,句读之中有误解者,篇章之中有错辞者,可一一纠正之。所遇有怀疑之点,不容决断,则可加以研究或问教于他人。因学问一事,无人可自称尽晓一切。然校勘学者所有校正必有所根据,不可尽随一己之意。古传信本亦可为根据之一。义例之判断,本文之援引,均可为校正之方法。

第二十三章　金石拓片

　　秦李斯以新意变古科斗书，后世相沿，益复精好，自汉唐以来，能者不可概举，惟钟鼎文间见于士大夫家。如《洗玉池铭》，读书堂帖，字既不多，后人往往依仿之，渐失古意。由是而渐成金石之学。

　　青社赵公，东平刘公，庐陵欧阳公三家收金石遗文最号详备，独鼎器款识绝少。字画复多漫灭，不可考证，惟吕大临，赵九成二家考古图，略有典型。至宣和博古图，则可为善本。其鼎器多移为墨本，无毫发差。

　　武王戒书鉴予等铭，凡十四；规警备至，成书具在，乃知古人一械一物，必有款识，非特文字刻画如此。吕刘相嬗，日趋便简，器用沦圮，更千百载，如峄山火渤，石鼓泥蟠，何可胜纪。宋欧阳文忠集名碑遗篆而录之，盖精力斯尽，而所著无几，元祐以后，地不爱宝，颓堤废慕，埋鼎盛敦，所触呈露，由是考古博古之书出世。

　　中国金石之学至欧阳修而渐成专门学问，此乃时势使然，因宋朝为我国文化进步最高之时，各种学问同时发生。而金石之搜集，如太早者则必材料无多。故欧阳修之世，而人始注意及之。翁方纲《两汉金石记》云：

　　"今所行《欧阳文忠公集》卷第一百三十四之第一百四十三凡十卷为集古录。跋尾第一至第十集古碑凡千卷。公尝自云：四百余篇有跋者也。今之集本是周益公所编定。每卷之末犹存其原编之次。如沛相杨君碑云元第十一者是也。洪文惠隶释载集古录之说。汉隶者凡上下两卷，其目次皆依欧阳子原本末经益公重编者也。惟曹魏二碑，乃退其第于后耳。又洪氏所载，欧阳叔弼集《古录目》一卷，则汉魏不分矣。是亦欧阳子之旧次也。王象之舆地，碑目所引《集古录》者，盖多取叔弼之书，惟平江府條下《宝花寺碑》云《集古录》一百四十五《春申庙记》云：《集古录》三百二十八，此二碑者，今所传《集古录》跋，皆无之。然以象之所引，具有其说，则非有目无跋者也。今所传《集古录》跋，才三百八十四种耳。岂所谓四百余篇之跋，又有轶去者邪？曾宏文石刻铺叙曰：公之元孙江陵支使隽，奠居乡邦，悉弃帖而留跋，四失三，可考者二百六十有八而已。据此云四失其三则可知原跋之数溢出四百之外明矣。"

欧阳修开始研究金石学之时，其数目约在四百以上，由翁方纲之推测可以知之。实则此甚少之研究材料，开始进行并不困难，所难者流散遗失。

拓片 中国雕版之术，始于五代，自兹以前，皆以写本流通。试观甘肃敦煌石室所发见之唐人写经可见一般。唐人写经，字体有一定之格式，虽写者不同，而书法往往一致。惟仔细研究之后方可分别。中国之唐人写经亦如欧洲当中世纪时之抄写《圣经》。《圣经》字体整齐一律，有始刻画。

当汉之末有蔡邕者曾刻石经以广流传。自汉熹平魏正始以迄有清，立石经者凡七次。今原石存于世者，仅唐开成石经一种而已。石在今西安府学。顾经历代兵燹地震，其剥蚀残泐者亦多。且有经后人补改者。

石经欲使其流传当然用拓方法。不独石经为然，其他碑，墓志，刻石等均可以墨拓之。

唐文宗开成二年刻石者以九经三传而外，益以《孝经》，《尔雅》附以张参五经文字。唐元度九经字样，迄天祐中筑新城，石为韩建所弃。刘鄩守长安，幕吏尹玉羽，请辇入城鄩谓非急务，玉羽绐之曰：一旦敌兵临城，碎为矢石，亦足以助战，鄩始移之入城。明嘉靖乙卯地震石经倒损，西安学府生员王克惠等按旧文集其阙字，别刻小石，立于碑傍，以便摹补。后来碑估拓墨，每拓一次，必凿数字，以表其所拓在前，故今西安原石，文字已不如前。

拓碑即损其字，故拓石渐以残破者贵。

秦汉石刻以外尚有各种碑帖均可为考古之助。

研究金石之学 研究金石之学至清而达最高点。顾学者亦以清朝为多。因国家鼎盛文物必大注重，故金石之学随之而兴。且清代注重考古之学，考据之学，凡此均有赖于金石。清代金石学家之最著者有下列各人：

黄宗羲	顾炎武	吴玉搢	朱彝尊	顾蔼吉	全祖望
金 农	翁方纲	王 昶	钱大昕	钱大昭	钱 侗
江德量	毕 沅	严 观	朱文藻	武 亿	黄 易
赵 魏	吴东发	王 复	孙星衍	阮 元	邢 澍
王芑孙	严可均	郭 麐	朱 枫	赵 曾	程 效
瞿中溶	朱为弼	何元锡	张 澍	刘宝楠	赵绍祖
洪颐煊	张廷济	李富孙	吴荣光	黄木骥	沈 涛
刘喜海	冯登府	张燕昌	莫友芝		

清代学者之多为任何朝所不及，关于金石学之书籍亦以清代所出者为多。书籍之优点在于标明原拓之图样，在刻版时代能达此种技术已属不易。惟人类之进步以其嗜好为归依。虽系极难之事，但如嗜好之，终必有成。普通研究金石学可以参考之书，有下列各种：

通志金石略

雪堂藏古器物目录

集古录跋尾

河南图书馆藏石跋

220

金石存

嵩里遗珍考释

东巡金石录

石经考

汉碑征经

啸堂集古录

钱录

四朝钞弊图录

帛布统志

集古官印考证

殷墟贞卜文字考

殷墟文字类编

金石例

金石学录补

读碑小笺

金石 金石之学在我国历史很长,成绩较著。然以时代变迁,物力之供给,较前迥异,则整理方法,自不得互相依附。近人容庚撰集《宝蕴楼彝器图录》,《武英殿彝器图录》,《颂斋吉金图录》。徐中舒亦著《鳳氏编钟考释》。均以原来器特摄景上石,文纹色泽,盎然在目。较之前此之《西清古鉴》,《续鉴》,《甲乙编》,《宁寿鉴古》,《陶斋吉金录》,《续录》等书精美已甚。

至于编集文字之书有容庚之《金文编》,录目之书有王国维之《宋代金文箸录表》,《国朝金文箸录表》,容庚之《西清金文真伪存佚表》。罗福颐氏有《三代秦汉金文箸录表》。书内详注行款,藏器家,及出土地三项。至于通释文字之书有郭沫若之《两周金文辞大系》。于省吾之《双剑誃吉金文选》;通考金属器物图象者,有容庚《殷周礼乐器考略》,《汉代服御器考略》。马衡有戈戟之研究,李济有《殷墟铜器五种及其相关之问题》。唐兰有《古乐器小

221

记》。

刻石方面近人研究者有马衡之《石鼓为秦刻石考》,刘节之《好大王碑考释》,张国淦之《历代石经考》。其他若顾燮光之《三版梦碧簃石言》,《河朔访古新录》,《河朔金石目古志汇目》,《古志新目》,刘体信之《续补寰宇访碑录》亦可作参考之用。

甲骨 甲骨学之历史迄今已有三十五年。前人研究的成绩在王国维《最近二三十年中中国新发见之学问》(《学衡》第四十五期)及容庚之《甲骨文之发见及其考释》(北大《国学季刊》一卷四号)两文中已有详细记载。自孙诒让凿通此学后,所有甲骨材料,以罗振玉所藏为最多。箸录之书亦以罗氏为最富。其间虽有英人明义士(JamesMellan Menziers)刊布《殷墟卜辞》(Oracle Records from the Waste of Yin)一书,然以非拓本景印世不之重。

民国十二三年之交丹徒叶玉森先后刊布《殷契钩沈说契擎契枝译》三文于《学衡杂志》中,异军突起,与罗王之说稍有不同。民国十七年中央研究院试掘之后又发见大批材料。董作宾有《商代龟卜之推测》,张蔚然有《殷墟地层研究》,秉志有《河南安阳之龟壳》。

史前遗物 斐文中在周口店发见北京猿人。民国十六年四月在周口店发掘,聘瑞典人步林博士为专家,李捷为地形地质专家。步李二氏工作数月之久,得猿人臼齿一枚。此齿已稍消 磨,似为七岁至九岁之儿童者。步达生博士根据此牙齿定为周口店猿人化石。次年发掘事宜由步林及杨钟健负责,斐文中从事助理,得猿人化石较多。又明年地质调查所改派斐文中独力负责,工作四月,至十一月忽发见一小洞中化石,保存较好。至十二月二日遂发见一未受压力损毁之头骨。据步达生所研究,此北京猿人之脑量,较有名之爪哇猿人为大。此外也发见石器兽骨,木炭,玻璃,贝壳及残茧,李济在《西阴村史前遗存》中说:"我们最有趣味的一个发现,为一个半割的,丝似的,半个茧壳。用显微镜考察,这茧壳已经腐坏了一半,但是仍旧发光,那割的部分是极平直。清华生物学教授刘崇乐先生替我看过好几次,他说,他虽不敢断定这就是蚕茧,然而没有找出甚么必不是蚕茧的证据。"

第二十四章 版 本

版本的来源 中国古时书籍多用竹简木版及帛。竹简用以作书之时较早。考竹之植物生于亚洲,古时充于中国中原各地。今则北地渐少,此乃气候使然。竹之对于中国文字的贡献甚大,亦如芦纸之对于埃及的贡献。帛之价值较贵,则抄写之时,字可以小,惟普通的人不能用帛作书。

有书即有版本,版本是书所写所印所凭藉的物质。汉和帝永元十七年即公元一〇五年时有宦者蔡伦,以简重缣贵,乃用麻头敝布,鱼网等物发明造纸之术,不久流行于世。迨纪元后四五世纪,则又有人发明烟墨,朱印之用,时期较早,实则朱印之发明与印刷之发明有同等的价值。朱印者乃一部分印刷,或局部的印刷。

竹简 在纸未发明以前,古之书契多编以竹简。竹简之为书一行或四十字,或二十字,俟后刻版行世,书册之内往往用格子,仍存竹简的原意。竹简作书简便,书错者便刻去之。惟竹简多则太重,不易搬动。穿竹简之绳索,因翻阅太多,有时折断,则重穿一次又废时间。

竹简应用既久,有用刻木为者称为木简。《中庸》一书为孔子之五世孙孔伋所集,内有云:"文武之政布在方策。"又考《仪礼聘礼》云:"百名以上书于策,不及百名书于方。"郑玄注云:"方,板也。策,简也。"板亦可作版。贾公彦者唐永徽时人,其《仪礼义疏》曰:"简谓据一片而言,策是遍达之称,以其百名以下书之于

224

方,若今之祝板,不假连编之策,一板书尽。"

《论语》有云:"或负版者,"郑玄注云:"负版者,持邦国之图籍。"

中国书板本之种类 求板本之种类者,先集所有之书籍印法及其版式,而后加以研究。书籍之进步亦各循其自然。开始之时,即用写本。俟刻石之后,以石为拓本。中国金石之学当以拓本为开始。石碑可以拓取,即其他如鼎彝古器亦可摹其形象。拓本之后有刻本,活字本,而后有影印,铅印,各种印刷随之而至。兹将中国版本之分类列入下表:

一、写本钞本

1.旧写本——旧钞本

2.景写本

3.写定本

4.稿本——手稿本

5.乌丝栏钞本——朱丝栏钞本

二、拓本

1.初拓本

2.朱拓本

3.墨拓本

三、刻本

1.以版刻名者

(1)椠本,刊本,刻本

(2)原刊本,原刻本

(3)旧刻本,旧刊本

(4)精刻本

(5)写刻本

(6)翻刻本,覆宋本,覆元本

(7)通行本

(8)修补本

(9)活字本

(10)聚珍本

(11)朝鲜活字本

(12)配本

(13)百衲本

2.以刻版处所名者

(1)官刻本

(2)家刻本,家塾本,书塾本

(3)监本

(4)经厂本

(5)殿本

(6)内府本

(7)局本

(8)坊刻本

(9)蜀本

(10)闽本,麻沙本

(11)高丽本

(12)日本刻本

3.以印刷方面名者

(1)初印本

(2)后印本

(3)朱印本,蓝印本

(4)朱墨本

(5)套印本

(6)景印本

(7)石印本,三色石印本

(8)铅印本,排印本

(9)珂罗版印本,玻璃版印本

(10)铜版印本

4.以印行情形名者

(1)单行本

(2)别行本

(3)抽印本

(4)附刻本

(5)普及本

5.以字体之形式名者

(1)大字本

(2)小字本

(3)仿宋本,聚珍仿宋本

6.以装订形状名者

(1)合订本

(2)毛装本

7.以板匡形式名者

(1)巾箱本

(2)袖珍本

四、以书籍之内容名者

1.校本

2.节本

3.批点本

4.评本

5.注本

6.残本

7.孤本

8.标点本

9.增订本

10. 订正本

11. 进呈本,经进本

12. 书帕本

宋代版本 宋承五代之绪业,更致力于雕版印刷,其所刻书,儒佛兼重,公私并行。公家所刻者如《十三经注》,《十七史》,《大藏经》等皆为卷帙繁重之书。至私家之以刻书称者,亦有建安余氏,临安尹氏。其刻工之精美,皆为后世所不及。

巾箱本之刻书始于南宋,初仅供士人入场怀挟之用,故经史为多。宋版之书,纸质坚润,墨色淡雅,开卷香味盈盈,而刻画秀劲。字体多古质方正。体刻采用柳褚欧颜。每部刻书所写之字,多出于一人之手,遇脱字则添于字行之傍,或二字并作一格。行款疏密,多者每半页二十行,行二十七八字,至三十字;少者每半页四行,行八字。

书之首尾常刻墨色图记,及牌记,匡廓中摺,大抵单边白口或细黑口者为多。四匡谓之边,中摺谓之口。天地四匡界画粗墨线者,谓之单边。匡内有细墨线者,谓之双边。中摺不见一线黑者谓之白口,上下有一线黑者,谓之黑口。鱼尾在书中摺处形如 ▲。

刻书盛行于宋,名称甚多,兹分述如下:

一、雕 宋刊本《杜佑通典》二百卷,一百五六八九卷末皆有盐官县雕。

二、新雕 校宋本《管子》二十四卷,每卷末有图记云,瞿源蔡潜,道墨宝堂新雕印。

三、刊 影宋钞本作邑白箋十卷,末有凉熙己亥中元浙西提刑司刊。

四、新刊 庆永六祀,孟春建字魏仲举家塾刻新刊五百家注音辨《昌黎先生文集》。

五、开雕 宋绍兴九年刻《文粹》一百卷末有刊刻地名年月官衔,云临安府今重行开雕《唐文粹》。

六、开板　张金吾《爱日精庐藏书志》及《瞿目》称:"影宋本圣宋皇祐《新乐图记》三卷,后有皇祐五年,十月初三日,奉圣旨开板印造二行。"

七、开造　陆心源皕宋楼《藏书志》所称:"影宋本《建康实录》二十卷,后记江宁府嘉祐三年十一月开造,《建康实录》并刻《三国志》《东西晋书》,并《南北史》校勘,至嘉祐四年五月毕工。"

八、雕造　影钞宋本孙奭《律》十二卷,《音义》一卷,末有天圣七年四月日准敕送崇文院雕造一行。

九、镂板　《瞿目》所称:"宋刊本《资治通鉴》二百九十四卷,元祐元年十月四日,奉圣旨下杭州镂版。"

十、锓板　《瞿目》所称:影宋本《补汉兵志》一卷,有嘉定乙亥,门人王大昌跋,别行记云:"大昌于是年九月锓板漕廨,益广其传。"

十一、锓木　《瞿目》所称:"宋刊本汉隽十卷,末有嘉定辛未赵时侃题记云:访求旧本再锓木于郡斋。"

十二、锓梓　《黄书录》及《丁丙善本书室藏书志》所称:"宋刊本陆游渭《南文集》五十卷,游子遹跋云:锓梓溧阳学宫。"

十三、刻梓　《天禄琳琅》称:"宋廖氏世彩堂本《春秋经传集解》三十卷,卷末有印记田世彩廖氏刻梓家塾。"

十四、刻本　《张志》所称:"乾道丁亥会稽太守洪适刻王充《论衡》三十卷,云刻之木藏诸藏蓬莱阁。"

十五、刻板　《黄书录》所称:"宋刊本产科备要八卷跋云:淳熙甲辰刻板南康郡斋。"

十六、镵木　杨绍和《楹书隅录》所称:"宋麻沙本类《编增广黄先生大全集》五十卷,有麻沙镇水南刘仲志宅牌记云:不欲私藏,庸镵本以广其传。"

十七、绣刻　《张志》所称:"宋刊本赵汝愚《国朝名臣奏议》一百五十卷,末有淳祐庚戌诸王孙希瀞跋云:属泮宫以绣诸梓。"

十八、模刻　阮氏《文选楼》仿刻宋绘图《列女传》八卷,末有白文墨地木印记号:"建安余氏模刻。"

十九、校刻　《张志》及钱大昕《竹汀日记钞》所称:"宋蔡梦弼刻史记一百三十卷,三皇本记后有建溪蔡梦弼传卿校刻梓于东塾。"

二十、刊行　缪荃孙《艺风堂藏书记》所称:"宋魏仲立刻本《新唐书》二百二十五卷,目后有牌子云:'建安魏仲立宅刊行,士大夫幸详察之。'"

元朝刻本　元承宋后,刻版之事,日益光大。至元二十七年集天下在官书版,立兴文署,名工雕经史各版,以《资治通鉴》为始。其他各路儒学及私宅所刻书亦不亚于天水。书院本今传有大德《后汉书》残本,《白虎通德论》等书。

建康道廉访使分行十路儒学合刻十七史。其可征者,《两汉书》大平路,《三国志》池州路,《隋书》瑞州路,《北史》信州路,《唐书》平江路。皆于版心或首末记明刻书之路。《十七史》今存者,尚有明翻《汉书》,明修《三国志》,及《隋书》,《南史》,《北史》原本数种。

至书坊刻书尤盛,建安叶氏继余氏而兴。世传广勤堂本,万宝山诗,即其所刊也。元书之字,字体多为名人所写。款式大抵以黑口,双边者为多,亦间有白口者。高濂《燕闲清赏》笺云:"元刻仿宋,单边字画,不分粗细,较宋边条阔,多一线。纸松,刻硬用黑秽浊,中无讳字。"

明朝刻本　明朝官刻之书首推南北监。南监多存宋元旧板,如宋眉山本《七史》。元路学本《十七史》之属。北监则多据南监本重刻。监本书今传者有嘉靖万历先后刊刻南监本《二十一史》。万历刊刻北监本《二十一史》。顾炎武以北板较南稍工,然校勘不精。且有不知而妄改者。此外内府部院,直省司府州,学雕板亦极多。

各藩邸为韬晦自全,富而无事,所刻之书时见精善。吉府多刻诸子。晋府多刻总集。益府多刻《茶书》。今存如蜀府刻《说苑》,《新序》,赵府刻《通鉴纲目》,《诗经》,《书传》,《会选》等,皆甚精善。

私家刻书则推末叶毛氏汲古阁,经史子集无所不刻。其他各家列书如下:

刻　家	书　　　　名	刻　家	书　　　　名
沈　辨	韩诗外传	顾　春	六子全书
袁　褧	大戴礼记　世说新语	慎独斋	群书考索前后续别集
毛廷喆	史记集解　索隐正义		十七史详节　文献通考

其他小说及绘图之书,坊间所刻者甚多,如《状元图考》,《会真记》。明代印书有用颜色套印者,即墨色与朱批二者。

清朝刻版　清有天下,累代英文咸稽古右文,学风益振,故校雠雕刻之业亦盛。清内府刊钦定诸书,又刻武英殿本《十三经注疏》,《二十四史》,《全唐书》等,皆煌然大观。兹将各刻家列表如次:

刻　家	刻家堂名	刻　家	刻家堂名
纳兰性德	通志堂	孙星衍	平津堂
鲍廷博	知不足斋	阮元	文选楼
卢文弨	抱经堂	陆心源	万卷楼
毕秋帆	经训堂	缪荃孙	云自在龛

清代刻书,名家亦喜自行书板。故字迹优美,而校勘名家自行校对,故误字亦少。兹将最优版本列名于次:

刻　家	书　　　　名	刻　　家	书　　　　名
吴锡秦镁	巾箱九经	王先谦	皇清续经解
张士俊	泽存堂五种	吴省兰	艺海珠尘
曹寅	小学五种　栋亭十二种	鲍廷博	知不足斋丛书
纳兰性德	通志堂经解	李文藻	贷圆丛书
阮元	十三经注疏　皇清经解		

　　其他各名家刻书者甚多,不胜枚举,清代距今尚近,考查颇形便利。版本之鉴定亦易,不若宋版之难。

第二十五章　图书馆史

图书的起源　中国古传河出图洛出书，是为图书二字利用之起源。周朝春官宗伯外史掌三皇五帝之书。《史记》谓老子为周之藏史。班固《汉书艺文志》亦谓老子为柱下史。孔子适周，得览周之遗书。周游列国，得读百二十国宝书。是书籍聚积之多，于此可见。楚左史倚相能读三坟五典八索九丘，读书之博，可想而知。

藏书　古时对于书之整理，多取藏书制度。西洋各国图书发达以后亦往往采取此等制度。汉代之兰台，麒麟，石渠，天禄，石室，延阁，广内皆为藏书之地。东晋之世，东观仁寿阁，秘书中外三间，东晋秘阁，宋之总明观，齐之学士馆，梁之文德殿，华林园，北齐之仁寿文林，后周之虎门麟趾，均为国家藏书之地。

宋代建崇文院以藏书籍，以后另立书库，名为秘阁，又于龙图阁，太清楼，王宸殿，四门殿，各藏书数万卷，明洪武年间，大将军徐达入元都，收图籍，运至南京，又诏求四方异书，设秘书监管理。

清乾隆年间开四库全书馆，征求天下书籍，历十余年，统计十六万八千余册，分钞七份。藏于七阁。在京城内者有文渊阁，圆明园文源阁，热河文津阁，奉天文溯阁，总称之为内廷四阁。镇江建文宗阁，扬州建文汇阁，杭州建文澜阁，各藏一份。

我国官藏书籍皆不得其道。在官者政变相循，书随世减。或毁于火，或没于水，或散于兵灾。故诸史艺文志之所录，求诸今日百不得其一二。在私家藏书者，多深闭固扃，而饱蠹鱼，且习惯相仍以独得为可矜，以公诸世为失策。问之则答无有，借之则有吝色，殊不知爱之过甚，散之愈速，故藏书家鲜有藏及三世者。归安陆氏皕宋楼，鬻于日本，聊城杨氏海源阁亦被盗卖。

古代图书馆　古代图书馆中之最早者当推亚述王宫之图书馆。亚述王建国于纪元前十三世纪。希腊之有图书馆较早，后与波斯人战，战败，为波斯人所夺。马其顿人盛行之时，亚里士多德曾为亚力山大王搜集各种书籍。

后于埃及之亚力山大建立亚力山大图书馆，亚力山大乃为古代学术的中心。藏书七十万卷，纪元前四十七年罗马攻亚力山大时焚毁。

罗马统一欧洲之后，于京城建立图书馆。公元一六七年，将希腊所有之书移至罗马。纪元七五一年法兰克创立鲁令王朝搜集写本。继起者为查理曼大帝，以文教统一民心。一四二五年俾福侯爵，将所有藏书分卖英国。一五一五年佛兰西斯第一即位，攻意大利。法国虽曾受创，但获得书籍甚多。一八〇五年拿破仑亲自起草章程整理图书馆。一八六三年又集有关革命书籍十万册。至今有书籍三百五十万册，写本十一万，图籍五十万，合计之都在四百万以上。

英国图书馆　英国图书馆之设立最早者当推牛津大学之图书馆，初设之时，限于贵族或特别阶级，其他以通俗图书馆为最多。至若私人捐助之图书馆，以私人命名者尤多。英国图书馆之最大者当以博物院之图书馆为最大，藏书三百万册。

英国以图书馆事业之振兴，故其图书之分类另成一派，在图书馆学上，甚占重要之地位。

德国图书馆　德国图书馆之事业除美国外当推第一。邦立大图书馆已有二十六所，以普鲁士邦之图书馆为最大。在柏林大学附近，建筑庄严，藏书百五十万册。其他若柏林之市立图书馆，规模亦大。

意大利图书馆　意大利图书馆可分三类,一为公立图书馆,一为大学图书馆,一为中学图书馆,统归教育部长管理,至于市立图书馆之最著者有佛罗棱斯,米兰,都林,维尼斯各地之图书馆。佛罗棱斯图书馆以抄本著名,书价甚大,每年增书约万余册。

大学图书馆以波隆亚的德拉大学图书馆为最有名,创立于一七一二年,抄本有阿拉伯文五百四十七册,土耳其文一百七十三册,此外美索波大米亚及希伯来文均有。

法国图书馆　法国图书馆以民众图书馆及学校图书馆最为发达。巴黎市内之民众图书馆共有八十二处,馆内备有名汇辞书以及他种参考书,巴黎市内共有二十区,平均每区有四个图书馆。

奥国图书馆　奥国之国家图书馆在首都维也纳。一四四〇年为佛勒得力所创。图书馆建筑最为精美,维也纳大学之图书馆系公开性质,借书者不限于学生。

瑞士图书馆　瑞士之图书馆总共二千余处,散于各地。民众之读书兴趣甚浓。日内瓦为国际之首都,各国设有图书馆于此。

比利时图书馆　比利时之国家图书馆在京城勃鲁塞尔。藏书四十万册,印刷品及美术品甚多。比利时以历史之关系美术书籍较多。其他各大学之图书馆藏书亦多。

荷兰图书馆　荷兰之海牙图书馆成立于一七九八年,藏书二十余万册,对于政治历史,法律之书较多,其余若安姆斯顿,鹿特顿之市立图书馆规模亦大。书籍之最有兴趣者为航海之书籍。

丹麦图书馆　丹麦之国家图书馆在哥本哈根,馆址为一六六七年时所建,一七九三年时,始成为公开之图书馆。馆内定有规章,凡国内新出书籍,必先送两部到馆,作为公用。

西班牙图书馆　西班牙之图书馆,国立者在马得里地首都,藏书甚多。书籍之来源多出于宗教团体。西班牙有甚古之图书馆,同时有马得里地最古的大学。各大城市亦多有市立图书馆。西班牙人研究古学较切,故多注重图书馆。

葡萄牙图书馆 葡萄牙图书馆国立者在立士本,藏书二十万册。

俄国图书馆 俄国自一九一七年以后,图书馆增加迅速,为他国所不及,一九二〇年公布法令,中有图书馆事业须受各邦教育部委员之管辖。一九二五年苏俄教育部中央目录局开始印刷有题解的目录片。一九二七年始印详文解题目录片。

俄国图书馆在大彼得一世时业经经营,惟所利用之人士限于贵族,即莫斯科之图书馆亦莫不如此。革命以后图书馆之利用,业经普遍。一九三〇年第一图书馆大学成立,而以列宁纪念图书馆为其一部分。主持者为一曾受美国图书馆学训练的专家。其课程包括大学课程,每学期有四十日之实习工作。每日有四小时之图书馆工作。

美国图书馆 美国之第一公立图书馆成立于一八四八年,设立于波士顿城。一八五四年正式开馆,然私人藏书仍为少数特殊阶级所有。一般寒士,不得染指。于是公家藏书,应时而生,各大学及学术团体,购置图书充学者研究之工具。哈佛大学于一六三八年首先创立图书馆。

大学图书馆为知识阶级所独享,工商业各界莫由得进。故一七三一年佛兰克林邀合同业之印刷工友,集资在费勒特勒亚设立图书馆,每年缴纳会费,助其滋长。此馆至今犹存。

私人藏书家之公开以供献于州者亦多,如纽约的 Astor,Casper, Lenox, 及 Peabody 诸人。迄一八四八年麻省首先有图书馆设立案之通过,允许地方直接征税,办理图书馆,随成美国图书馆先熟之果。

日本图书馆 当晋武帝太康元年,百济王仁携《论语》十卷,《千字文》一卷入日本,日本始注意图书。大宝时代令规定设立图书寮,即藏书室。俟后,又设图书头管理图书寮。天应中大纳石上宅嗣创立图书馆,称为芸亭,供众人阅览。俟后若和气广世之弘文

236

院,菅原道贞之红梅殿,二条高仓之江家文库均为著名之私立图书馆。德川幕府时代定图书公开条例。红叶山文库,水户彰老馆文库,倚势林崎文库,江户昌平学文库,浅草书籍馆,均为有名之公立图书馆。明治维新,移红叶山文库,昌文学文库所藏书籍于浅草公园,称之为浅草文库。以后又搜集诸藩学校图书,网罗内外物品,移在上野公园,称之为帝国图书馆。

日本之私立图书馆在东京者有大桥图书馆,竹贯少年图书馆,大阪方面有永江为政所设之大阪图书馆。千叶方面有林泰辅私立杜城图书馆。山口方面有西岛峰三郎青年图书馆,其余私人设立者甚多。

日本之图书馆甚为发达,明治三十八年时,日本全国已有公立图书馆三十余处。私立七十处,及至四十一年已增至二百处。近来已达数千处。至于学校图书馆则以东京帝国大学为最佳。

一九三一年日本以台湾,朝鲜,关东州及本部之图书馆合计之,共有四七五三所。其中五所为国立,三三○九所为公立,一四一三所为私立。藏书共为一○,六三○,○○○册。每年阅览者为二五,六○○,○○○人。

我国图书馆之起源　我国图书馆之设立始于清朝,因当时受西方文化的影响有以致之。清光绪年间李端棻奏请推广学校折内有云:

"……曰设藏书楼,好学之士,半属寒酸,购书既苦无力,借书又难其人,坐此固陋寡闻,无所成就者,不知凡几,高宗纯皇帝知其然也。于江南设文宗,文汇,文澜三阁,备庋秘籍,恣人借观。嘉庆间大学士阮元推广此意,在焦山灵隐起立书藏,津逮后学。自此以往,江浙文风,甲于天下,文人之盛,成效可睹也,今请依乾隆故事,更加推广,自京师至十八行省会,咸设大书楼调殿版及各官书局所刻书籍,暨同文馆制造局所译西书,按部分送各省以实之。其或有切实之书,为民间刻本,官书局所无者，开列清单，访查价值，徐行购补。其西书陆续译出者，译局随时咨送，按定章程，许人入楼看书，由地方公择好学解事之人，经理其事，如此则向之无书可读者，皆得以自勉于学，无为弃才矣。古今中外有用之书，官书局有刻本者十之七八。每局酌提部数，分送各省，其费至省，其事至顺，一奉明诏，事即立办，而饷遗学者，增益人才，其益盖非浅鲜也。"

然其始仍称图书馆为藏书楼，实则供人阅览，聘请好学解事之人经理其事，则已有图书馆之规模。至宣统元年十二月学部奏拟定京师及各省图书馆通行章程，始定图书馆之名，其折云：

"……伏查图书馆之设，所以保存国粹，造成通才，创办伊始，头绪纷繁，非有整齐划一之规，末由植初基而裨文治。"

故整齐划一的法规已经预备在实行。中国图书馆之最早者，当推国立北平图书馆。国立北平图书馆由京师图书馆与北京图书馆合并而成。

清宣统元年，学部奏请设立京师图书馆，并奏准拨热河文津阁所藏《四库全书》，暨德胜门内之净业湖及汇通祠各地。嗣以款绌，迄未兴筑，暂僦就什刹海北岸广化寺为馆址，以翰林院国子监南学及内阁大库残本为基础。又先后调取直隶，奉天，吉林，黑龙江，河南，山西，云南等省官书，并由江督端方采进南陵徐氏及归安姚氏咫进斋书籍，又甘藩何彦升采进敦煌写经八千余并交馆庋藏。未及开馆而清已亡。民国元年前教育部派员赓续进行，复于各省调取官书，并拨取前翰林院所存《永乐大典》及部存影印《古今图书集成》一部，一并发交该馆。八月开馆，二年六月设分馆于宣武门外前青厂，十月以馆舍湫隘，不便发展，暂停阅览。四年六月，部议就方家胡同南学原址为馆舍，筹备改组，并向内务部咨调文津阁《四库全书》，发馆庋藏，又通行各省检送方志，金石拓本，规模稍具，遂于六年一月开馆，十五年十月，该馆更名为京师图书馆，十七年七月北伐成功，南北统一，大学院派员接收，改名为国立北平图

238

书馆。由方家胡同移设中海居仁堂。十八年一月开馆,是年九月与北平北海图书馆合组,仍称国立北平图书馆。

国立图书馆之外有省立及市立公立等图书馆。至于私立图书馆之规模较大者多在通都大邑。全国各大学之中图书馆之设立,渐臻完善,惟限于经济者居大多数。近来民众教育广溥各地,馆中亦有阅书及图书馆之设备者,惟规模远不如各独立图书馆。

图书馆学应用术语

Accession	登记
Accession methods	登记方法
Accession numbers	登记号码
Acquisition of books	采购
Administration of libraries	图书馆行政
Alphabetical arrangement	字母排列
Analytical cards	分析卡
Analytical entries	分析登录
Atlasses	地图
Author cards	著者卡片
Author entries	著者登录
Author table(Cutter's)	著者号码表
Authors	著者
Back titles	书背书名
Binding	装订
Block books	木板书
Book ordering	订书
Book worms	蠹鱼

Borrowers'card	借书证
Brown classification	布朗氏分类法
Call numbers	书码
Capitalization	首字使用
Card trays	卡片盘
Case numbers	书架号
Catalogue cards	目录片
Cataloging	编目
Checking	校正号数
Children libraries	儿童图书馆
Circulation	流通
Classification	分类
Cutter's classification	卡德氏分类法
Dater	日期印
Delivery	出纳
Dewey system	杜威分类法
Dictionary Catalogue	字典式目录
Duplicates	复本
Exhibitions	展览会
Expansive classification	展开分类法
Family libraries	家庭文库
Fiction	小说
Fixed location	固定式排列法
Guides	指引
Headings	标题
Indexes	索引
Initials	名首
Juvenile books	儿童用书

Labels	书标
Librarian	图书馆长
Library architecture	图书馆建筑
Loan system	借书法
Magazines	杂志
Maps	地图
Museums	博物室,博物馆
Open access	开架式
Series	丛书
Shelves	书架目录
Stack	推架式
Stock rooms	藏书室
Translator	翻译
Travelling libraries	巡回文库
Volume	本

主要参考书

Bostwick, A. E. The American Public Library, 4th Ed. 1929.

Lowe, J. A. Public Library Administration.

Doubleday, W. E. A Manual of Library Routine.

Brown, J. D. Manual of Library Economy, 4th Ed. 1931.

Drury, F. K. W. Book Selection, 1930.

McColvin, L. R. Theory of Book Selection for Public Libraries, 1925.

Sayers, W. C. Berwick, Stewart, J. D. Book Selection and Ordering.

Walker, J. E. Book Selection in Primer of Librarianship, 1931.

Flexner, J. M. Circulation Work in Public Libraries, 1927.

Mann, M. Introduction to the Cataloging and Classification.

Dewey, M. Decimal Classification.

Richardson, E. C. Classification, Theoretical and Practical, 1912.

Bishop, W. W. Practical Handbook of Modern Library Cataloging.

Culter, C. A. Rules for a Dictionary Catalogue, 4th Ed. 1924.

Follows, D. Cataloging Rules.

Doubleday, W. E. A Primer of Librarianship

Baldwin, E. V. Library Service.

Quinn Henry. A Manual of Cataloging and Indexing.

Baker, E. A. The Public Library.

Ferguson J. Some Aspects of Bibliography.

Cockerell, D. A. A Primer of Librarianship, 1931.

Coutts, H. T. Stephen Manual of Library Binding, 1911.

Philip, A. J. Business of Book Binding, 1912.

Vaughan, A. J. Modern Binding, 1929.

Bostwick, A. E. The Popular Libraries of the World.

Bibliothèques Populaires et Loisirs Oriveriers, Société des Nations.